O INCESTO, UM DESEJO

Blucher

O INCESTO, UM DESEJO

Claudio Cohen

2ª edição

O incesto, um desejo

Editora Edgard Blücher Ltda.
1ª edição – Casa do Psicólogo, 1993
2ª edição – Blucher, 2021

Publisher Edgard Blücher
Editor Eduardo Blücher
Coordenação editorial Jonatas Eliakim
Produção editorial Luana Negraes
Preparação de texto Karen Daikuzono
Diagramação Negrito Produção Editorial
Revisão de texto Andréa Stahel
Capa Leandro Cunha
Imagem da capa iStockphoto

Blucher

Rua Pedroso Alvarenga, 1245, 4º andar
04531-934 – São Paulo – SP – Brasil
Tel.: 55 11 3078-5366
contato@blucher.com.br
www.blucher.com.br

Segundo o Novo Acordo Ortográfico, conforme 5. ed. do *Vocabulário Ortográfico da Língua Portuguesa*, Academia Brasileira de Letras, março de 2009.

Dados Internacionais de Catalogação na Publicação (CIP)
Angélica Ilacqua CRB-8/7057

Cohen, Claudio

O incesto, um desejo / Claudio Cohen. – 2. ed. – São Paulo : Blucher, 2021.

232 p.

Bibliografia

ISBN 978-65-5506-178-9 (impresso)

ISBN 978-65-5506-179-6 (eletrônico)

1. Incesto. I. Título.

21-2625 CDD 306.877

Índice para catálogo sistemático:
1. Incesto

Conteúdo

Introdução

Nenhuma outra espécie animal se ocupa tanto em cuidar do seu semelhante com alguma deficiência quanto a nossa. Por esse motivo, a nossa sociedade instituiu diferentes funções igualitárias para lidar com essa problemática. O tabu do incesto foi instituído pela proibição paterna (Lei), pois é função do pai impedir que o filho satisfaça todos seus desejos, capacitando dessa maneira a criança a ter limites e contato com sua realidade mental.

Para entender a problemática psicossocial do ato incestuoso, vamos examinar tópicos como sexualidade e família humana, que consideramos fundamentais para a compreensão dos aspectos antropológicos e médico-sociais do incesto.

Entretanto, não podemos falar em sexualidade sem antes falar em cultura, pois a sexualidade também é um processo social e cultural. A qualidade distintiva da sexualidade é ser uma característica humana que pode ser afetada pelo ambiente sociocultural e religioso.

Estatísticas denunciam haver nos Estados Unidos entre 60 mil e 100 mil mulheres vítimas de incesto, e apenas 20% dos casos são levados aos tribunais. Barry calcula que o incesto ocorra em mais de 10% das famílias americanas (1985). Esse autor tornou notório que somente 25% dos casos de incesto se limitam a uma única experiência sexual, e que 70% das relações incestuosas têm a duração de mais de um ano.

Jean Goodwin (1982) demostrou que aproximadamente 30% das mulheres que procuram ajuda psiquiátrica foram vítimas de incesto, e que 5% das crianças enviadas à terapia estão vivenciando uma história de incesto. Para Goodwin, 50% das adolescentes que fogem de casa foram vítimas de incesto, e 74% dos presos que estão cumprindo pena por algum tipo de crime ou de violação aos costumes tiveram algum tipo de envolvimento sexual intrafamiliar.

Em nosso meio, Cohen e Matsuda (1990a, 1990b) verificaram que, num total de 1.104 vítimas de violência sexual que fizeram denúncia policial, 249 foram vítimas de algum tipo de violência intrafamiliar; entre elas, 11 mulheres foram violentadas sexualmente pelos maridos e 238 pessoas foram vítimas de algum tipo de relacionamento incestuoso.

John V. Caffaro (2013), do Departamento de Saúde e Serviços Humanos dos Estados Unidos, encontrou em sua pesquisa que pelo menos 2,3% das crianças foram vítimas de violência sexual por um irmão. Em comparação, 0,12% das crianças foram abusadas sexualmente por um membro adulto da família.

Dados como esses, em que podemos observar a elevada ocorrência desse tipo de conduta em nossa sociedade, nos obrigam a dar um valor diferente à questão do incesto, pois não podemos pensar em famílias incestuosas como raras aberrações da natureza, mas, sim, admitir que a violação do tabu do incesto é um tipo de comportamento humano bem mais frequente em nosso meio do que seria de esperar.

Para compreender o que vem a ser uma relação incestuosa, devemos primeiramente entender o significado de família, pois o incesto é literalmente um assunto de família, e, mesmo que se possam observar estruturas familiares diferentes, precisamos ter sempre a ideia clara de que a família é uma construção social, considerada a célula do tecido social.

Os estruturalistas entendem que o desejo de realizar um "ato incestuoso" não é um fenômeno próprio de uma determinada pessoa nem é uma característica de um determinado país ou de alguma cultura em especial, mas ele é tão universal e tão antigo quanto a própria cultura, pois é inerente à natureza humana. Podemos dizer, portanto, que o desejo incestuoso é um sentimento democrático e universal.

A proibição do incesto é um fator estruturante da psique do indivíduo e tem por finalidade organizar a vida afetiva e cognitiva, permitindo sua integração na cultura e na sociedade.

Por esse motivo, a sociedade procura criar mecanismos próprios e eficazes, que são as instituições, para se defender e se prevenir dos relacionamentos incestuosos.

Uma das funções do profissional de saúde mental é justamente a de entender e lidar com a dor e o sofrimento mental de seu paciente. Nos casos de relacionamentos incestuosos, devemos considerar como paciente o autor, a vítima e a sua família.

Faz parte das atribuições básicas de uma sociedade democrática criar leis que venham a protegê-la, determinando assim os direitos e os deveres de cada um dos seus integrantes.

Dentro dessa perspectiva, entendemos por psicopatologia forense a aplicação de todo o conhecimento científico sobre saúde mental em todos os campos da ordem civil, penal ou laboral, para os quais torna-se necessária a comprovação do estado mental do indivíduo, competindo a ela, e somente a ela, determinar a vinculação entre a psicopatologia do incesto e sua relação com a justiça.

Portanto, procuraremos, em primeiro lugar, avaliar as diversas definições do que vem a ser uma relação incestuosa nas diferentes teorias sobre o seu tabu e sobre a relação entre saúde mental e justiça. Num segundo momento, relacionaremos o incesto com as diversas áreas da cultura, para finalmente discutir a relação do incesto com a psicopatologia forense, o que nos permitirá extrair as nossas conclusões.

Ofereceremos uma visão holística à difícil compreensão do que vem a ser um ato incestuoso, pois consideramos o tabu do incesto o nó górdio no processo de humanização. Por isso, faz-se necessário que o entendamos como seres sociais em determinado contexto histórico-cultural, permitindo que visualizemos a construção do indivíduo e de sua identidade.

O contributo de Lévi-Strauss e Freud à análise da proibição do incesto é indiscutível, tendo em vista que ambos buscaram as raízes da formação social do ser humano para explicar o seu comportamento.

1. O que é incesto?

Como ocorre com frequência nas questões que aparentam ser óbvias, sempre temos uma resposta que nos parece ser verdadeira. Mas, se nos detivermos para pensar melhor sobre o que é o incesto, verificaremos que a resposta a essa pergunta é bastante complexa e que não existe uma compreensão única a seu respeito.

Por esse motivo, para podermos compreender o que é incesto, torna-se importante definir o que é família e qual a sua função social, já que o incesto é literalmente um assunto de família.

Podemos definir a família como um tipo específico de agrupamento social, cujos membros estão vinculados por laços de parentesco. Ainda que essas uniões frequentemente impliquem certas interações fisiológicas entre os indivíduos em questão, a família, em grande parte, está determinada por normas culturais (Beals & Hoijer, 1974).

De acordo com essa concepção, a família é um grupo biológico e fundamentalmente uma instituição social, inscrita em um universo ideológico.

Na história, a família nem sempre foi entendida do modo como a concebemos, com o núcleo familiar sob o regime do patriarcado, questionado atualmente pelos papéis referentes à identidade de gênero, que diz respeito aos significados que um indivíduo associa como sendo masculinos ou femininos. Mas sempre prevalecerá a ideia de que a família é a célula do tecido social e que devemos manter o respeito às funções familiares preestabelecidas, independentemente de seu gênero.

Jacques Dupuis (1989), em seu livro sobre a história da paternidade, afirma que as sociedades humanas mais adiantadas, do IV e V milênios a.C., já haviam descoberto a relação entre o ato sexual e a procriação, um fato revolucionário na história da humanidade.

O autor esclarece que seria muito difícil a um ser humano conhecer intuitivamente as condições fisiológicas da procriação se elas não lhe fossem reveladas por alguém, pois o conhecimento do princípio da procriação não é um dado imediato da consciência, mas resulta de uma situação experimental (Dupuis, 1989).

Essa descoberta levou o ser humano a uma revolução profunda, transformando suas estruturas sociais, religiosas e o próprio comportamento sexual. No entanto, a lembrança dessa descoberta apagou-se a tal ponto que atualmente o conhecimento acerca da paternidade é considerado algo inato (Dupuis, 1989).

O conhecimento da origem da paternidade propagou-se pelo mundo a partir do período Neolítico. Antes disso, não se conheciam senão estruturas protofamiliares, cuja figura central era a mãe, ignorando quem era o pai; eram, portanto, estruturas matriarcais. Essas protofamílias se caracterizavam por uma vida religiosa cultuada no tema da fecundidade feminina e por uma vida sexual dominada pelo princípio do prazer, ou seja, pela livre satisfação do desejo sem nenhum tipo de repressão. Com o reconhecimento do pai, porém, estabeleceram-se os novos conceitos de família, em que a satisfação do desejo ficou vinculada ao princípio da realidade externa.

As teorias psicanalítica e estruturalista têm defendido a hipótese de que o desejo de manter um relacionamento incestuoso é tão universal e antigo quanto o próprio ser humano, sendo contido pelo tabu do incesto.

Desde o reconhecimento da relação entre sexo e reprodução, todas as sociedades têm proporcionado, nas suas culturas, algum meio de regulamentação do matrimônio, com a finalidade de que os membros de agrupamentos familiares perturbem o menos possível a harmonia e a cooperação intrafamiliar. Tais artifícios são conhecidos como "regulamentações do incesto" (Beals & Hoijer, 1974, p. 511).

Ainda hoje podemos observar essa normatização da condenação do incesto nos contos infantis, nos mitos, nas religiões, nos livros sagrados ou, nas sociedades mais evoluídas, nos códigos civil e penal.

A palavra "incesto" deriva do latim *incestus* e significa impuro, manchado, não casto, ou seja, *in* = não e *castus* = puro (Olivieri, 1953).

Como consequência, podemos entender que o incesto deixaria a família impura ou manchada, ou seja, a família incestuosa é uma família que perdeu a castidade.

Isso pode ser observado na antropologia psicanalítica que se dedica à investigação da estrutura triangular do complexo de Édipo e que comprova a sua existência nas mais diversas culturas e não somente naquelas em que há um predomínio da família conjugal (Laplanche & Pontalis, 1968).

A genialidade de Sófocles foi a de colocar no mito de Édipo as duas maiores pulsões do ser humano contra a estruturação do indivíduo e da família: o parricídio e o incesto.

Sigmund Freud analisou profundamente a tragédia de Édipo, nomeando-a complexo de Édipo, e a considerou a pedra fundamental da psicanálise, pois explicita a triangulação na constituição familiar que poderá definir a estrutura psíquica do indivíduo. O complexo de Édipo equivale, para a psicanálise, à função que teve a Pedra de Roseta para decifrar os hieróglifos egípcios.

Segundo Freud, o complexo de Édipo é vivenciado pelo ser humano, em sua plenitude, entre os 3 e os 5 anos, durante a fase fálica, e o seu declínio caracteriza a entrada do indivíduo no período de latência (Laplanche & Pontalis, 1968).

Já em 1948, Lévi-Strauss se refere à proibição do incesto como uma regra encontrada em todos os povos desde o período Neolítico, ou seja, trata-se de uma regra universal que marca a passagem da natureza para a cultura (Namba, 2018).

Diante da problemática relacionada aos desejos incestuosos, podemos levantar algumas questões, como: por que algumas pessoas podem reprimir seus desejos incestuosos e outras não? Por que algumas famílias toleram (passiva ou ativamente, consciente ou inconscientemente) que seus membros pratiquem o incesto? Por que algumas sociedades o condenam de uma maneira e outras o fazem de maneiras diferentes?

Historicamente, podemos observar que algumas sociedades permitiam que seus membros mais ilustres transgredissem esse tabu, demonstrando um poder que os diferenciava das outras pessoas.

Podemos citar o caso do Antigo Egito no qual as uniões incestuosas entre irmãos eram impostas aos faraós em homenagem ao mito dos deuses Ísis e Osíris. Esse tipo de casamento durou até a dinastia dos Ptolomeus (Cleópatra se casou com seu irmão Ptolomeus XII).

Os reis peruanos, da época pré-colombiana, também se casavam com suas irmãs, em homenagem ao Sol e à Lua, a fim de perpetuar a santidade da dinastia.

Já no Leste Asiático, são citados casos de hábitos incestuosos na Tailândia, em Mianmar, na China e no Japão.

Entre os fenícios, era permitido o matrimônio do pai com a filha e da mãe com o filho, e esse hábito foi mantido durante o antigo Império Persa. A história relata ainda o matrimônio de Cambises com sua irmã Atossa e de Artaxerxes com suas duas filhas.

O Antigo Testamento e a mitologia grega narram também inúmeros casos de incesto. Abraão casa-se com Sara, sua meia-irmã; Ammom manteve relações com Tamar, sua irmã. Na mitologia grega, o caso mais conhecido é o de Zeus, que se disfarçou de serpente para manter uma relação incestuosa com sua mãe, a titânide Reia.

Sigmund Freud (1980a), em *Conferências de introdução à psicanálise*, quando se refere ao desenvolvimento libidinal, esclarece:

> *A mitologia nos ensina que o incesto, diante do qual supostamente tanto se horrorizam os seres humanos, era concedido sem nenhum reparo aos deuses; pela história antiga, podemos averiguar que o matrimônio incestuoso com a irmã era um preceito sagrado para a pessoa do governante. O ato incestuoso torna-se então um privilégio que é negado aos homens comuns. (Freud, 1980a, p. 305)*

Precisamos esclarecer que, apesar da proibição do incesto, que é considerado, desde épocas remotíssimas, um crime hediondo e horroroso, a história apresenta exemplos de sua aceitação e glorificação, baseando-se sempre na origem divina e na pureza do sangue de alguns poucos indivíduos. Provavelmente seria até uma prova da própria divindade, pois os cônjuges, por terem sangue puro, "sangue azul", não o manchariam, mesmo praticando o incesto.

Em *Três ensaios sobre a teoria da sexualidade*, Freud deixa claro que o complexo de Édipo é o elemento fundamental na compreensão da neurose. Essa vivência pulsional, que evoluirá da sexualidade pré-genital para o período de latência, trará consequências que influenciarão decisivamente a sexualidade do adulto. Todo ser humano se defronta com a difícil tarefa de elaborar o seu complexo de Édipo, e aquele que não o conseguir reprimir será neurótico (Freud, 1980j, p. 206).

Nas concepções grega, romana, judaica e católica, por imperativos filosóficos e religiosos, o incesto foi condenado e estigmatizado como um ato repulsivo à consciência.

Outra dificuldade a ser examinada é a existência de diversas interpretações quanto à definição do que seja um comportamento incestuoso e o fato de que, em razão da complexidade do tema, nenhuma delas se mostra totalmente satisfatória. No entanto, todas essas interpretações têm em comum a repulsa ao ato incestuoso. Por um lado, isso se deve à sua aptidão para confundir-se com outros abusos sexuais (estupro, necrofilia, pedofilia) e, por outro lado, isso decorre da existência de diferentes correntes jurídicas, filosóficas, religiosas e genéticas que enfocam o problema de diferentes ângulos.

As controvérsias jurídicas entre as doutrinas que aceitam ou refutam a imputabilidade direta do incesto continuam pendentes, pois se vinculam a diferentes culturas, definições e interpretações.

Muitas legislações modernas, como as do Brasil, Peru, Espanha, França, Bélgica e Portugal, não consideram o incesto um crime autônomo, mas apenas uma circunstância agravante de algum outro crime sexual, enquanto outras legislações, como as da Alemanha, Suíça, Itália, México, Uruguai e Cuba, o consideram um crime (Ossorio y Florit, [s.d.]).

Apresentaremos, a seguir, algumas definições que confirmam as diferentes concepções de incesto:

1. O incesto é a união carnal ilícita entre pessoas de sexos diferentes, ligadas por vínculo de parentesco ou afinidade e que constitui um dos impedimentos ao matrimônio (*Enciclopédia Luso-Brasileira*, 1993).
2. O incesto é a união sexual ilícita entre parentes consanguíneos, afins ou adotivos (*Novo dicionário Aurélio da língua portuguesa* [Ferreira, 1975]).
3. O incesto é o pecado carnal entre consanguíneos ou afins, os quais, segundo a lei natural e eclesiástica, não podem contrair matrimônio válido (*Enciclopedia cattolica* [Wallace, 1958]).
4. O dicionário *Merrian-Webster* (1993) oferece duas definições:
    a) Relação ou procriação sexual entre dois indivíduos estreitamente aparentados, especialmente aqueles tidos como tais (como em decorrência de sua afinidade ou participação num parentesco tribal, de grupo ou de clã), dentro de graus em que o casamento é proibido pelas leis ou costumes.

b) O crime estatutário de adultério,[1] casamento ou relacionamento sexual sem casamento, de partes vinculadas entre si dentro de um grau de consanguinidade ou afinidade no qual o casamento é proibido por lei (a consanguinidade é associada pelo sangue ou decorrente de um ancestral comum, enquanto a afinidade é associada ao casamento).

5. Forward e Buck (1989) diferenciam a visão legal da psicológica.

   a) Legal: relação sexual entre indivíduos com um grau próximo de parentesco e que está proibida por algum código religioso ou civil.

   b) Psicológica: qualquer contato abertamente sexual entre pessoas que tenham um grau de parentesco, por consanguinidade ou por afinidade; ou que acreditam tê-lo. Esta definição incluiria padrasto, madrasta, sogro, sogra, meios-irmãos, avós por afinidade e até amantes que morem junto com o pai ou a mãe, caso eles assumam o papel de pais.

6. O incesto é a violação do tabu que pesa sobre as relações sexuais entre os membros da "família nuclear", excluídos marido e mulher, isto é, entre pais e filhos ou entre irmãos. O tabu pode estender-se a outros parentes e graus de parentesco, cujos vínculos podem ser de afinidade ou biológico (*Enciclopedia Internacional de las ciencias sociales* [Mead, 1975]).

---

1 Adultério foi crime passível de pena capital nas Ordenações Filipinas (1603). A legislação aplicada no Brasil colonial previa a pena de morte para a adúltera e o amante. Atualmente, o adultério já não é uma conduta criminosa. Em 2005, por força da mesma lei, foi retirada do Código Penal a ridícula expressão "mulher honesta".

7. The National Center on Child Abuse and Neglect chama o incesto de “abuso sexual intrafamiliar”, o qual é perpetrado contra uma criança por um membro de seu grupo familiar e inclui não somente a relação sexual, mas também qualquer ato que tenha por finalidade estimular uma criança sexualmente ou usar uma criança para a estimulação sexual do perpetrador ou de qualquer outra pessoa (Renshaw, 1984).
8. Nossa definição é a de que o ato incestuoso se manifesta por meio do relacionamento sexual entre pessoas que são membros de uma mesma família (exceto os cônjuges entre si), sendo que a “família” não é definida apenas pela consanguinidade ou mesmo por afinidade, mas, principalmente, pela “função social” exercida pelas pessoas dentro de um determinado grupo (Cohen & Gobbetti, 1998).

Portanto, visto que os diferentes significados enfocam diferentes ângulos para definir o que é incesto, devemos nos questionar com base em que vértice vamos avaliá-lo, ou seja, como um problema genético, mental, sexual, social, ético ou legal.

A psicopatologia forense é uma disciplina científica que pode avaliar em seu conjunto todas essas questões, portanto será desde o ângulo da psicopatologia forense que faremos a nossa análise dos conflitos inerentes ao incesto.

2. Questões sobre o tabu

Para que seja possível entender o que vem a ser o tabu do incesto, devemos esclarecer primeiro o conceito de "poder impessoal".

A função do poder impessoal é fundamental, pois ele justifica e atua como uma espécie de princípio explicativo do desconhecido, como ocorre, por exemplo, na religião e nos mitos. Muitas vezes, esse poder pode ser usado para dar razão a certas experiências que escapam ao habitual ou para interpretar certos acontecimentos de modo deturpado, tranquilizando de uma maneira mágica as ansiedades e os temores que o ser humano experimenta diante do que lhe é desconhecido.

As crianças e mesmo algumas culturas reconhecem o poder impessoal por meio da liberação de forças imateriais que provêm da feitiçaria ou da magia. Mas esse poder impessoal também pode ser observado, de forma patológica, no indivíduo adulto da nossa cultura, quando ele não consegue diferenciar a crença na força de um pensamento que possa modificar a realidade propriamente dita.

A força de um pensamento pode ser ponderada tanto nos pensamentos obsessivos, em que as palavras e as imagens mentais aparecem contrariando a vontade consciente, quanto nos pensamentos mágicos, cujas funções egoicas estão afetadas por algum trauma e se utilizam de um mecanismo de defesa, como a regressão. A crença na onipotência do pensamento é inerente ao pensamento obsessivo e mágico.

Os índios algonquinos, para indicar o poder impessoal, utilizavam-se da palavra *manitu*. Com um intuito análogo, na Polinésia, utiliza-se o vocábulo *mana*.

O *mana* opera para justificar o poder impessoal,[1] permitindo racionalizar um complexo sistema social, por meio do qual os seres humanos se hierarquizam de acordo com seu nascimento ou suas proezas. Isso pode ser observado nos preconceitos raciais e sexuais que permeiam nossa sociedade, com certos povos ou pessoas considerando-se superiores a outros.

Por isso, quem possuir um *mana* pode impor um tabu, ou seja, uma proibição a uma parte de suas posses, impedindo, desse modo, que todas as outras pessoas de *mana* menor possam tocá-la ou usá-la por temor a um castigo sobrenatural (Beals & Hoijer, 1974).

A palavra polinésia tabu tem o seu correspondente no *sacer* dos antigos romanos ou no *kodausch* dos hebreus. Mas todas as civilizações, para poderem evoluir, criam os seus próprios tabus, pois são eles que originam a noção de leis, ou seja, de impor limites ao indivíduo e à sociedade.

As metas do tabu são:

---

1 Em antropologia, psicologia e ciência cognitiva, o pensamento mágico é o termo usado para descrever um raciocínio causal que procura correlações entre ações ou elocuções e determinados eventos.

a) proteger contra possíveis danos pessoais importantes;

b) salvar os mais debilitados;

c) proteger contra perigos decorrentes do contato com cadáveres;

d) prevenir perturbações nos atos fundamentais, como o nascimento, a iniciação, o casamento e as atividades sexuais;

e) proteger os seres humanos diante do poder ou da cólera dos deuses ou dos demônios;

f) resguardar os neonatos e as crianças pequenas;

g) proteger contra o roubo dos objetos de uma pessoa.

Wundt (1916) denomina o tabu de código legal não escrito, o mais antigo da humanidade, e Freud afirma que os primeiros sistemas penais da humanidade remontam ao tabu.

Em *Totem e tabu,* Freud esclarece que, quando o indivíduo viola um tabu, torna-se um tabu também, porque o tabu violado vinga-se por si só (Freud, 1980i).

Todo esse terror pode ser observado no sentimento de culpa que os obsessivos têm quando acreditam que algo catastrófico irá lhes acontecer por experimentarem algum tipo de sentimento por alguém.

Uma das características próprias das proibições-tabu é que elas suscitam uma atitude ambivalente nos indivíduos. Para o sujeito, em seu inconsciente, nada lhe agradaria mais do que violá-las, mas, ao mesmo tempo, conscientemente teme transgredi-las. Existe o conflito em reconhecer que a fantasia de realizar esse ato lhe agrada, mas, como se trata de um desejo reprimido, esse desejo se mantém no inconsciente, pois existe o medo por parte das pessoas de reconhecê-lo e atuá-lo, sofrendo algum tipo de castigo.

Os psicanalistas costumam reconhecer essas fantasias em seus pacientes, pois elas se confundem com os sintomas que o analisando traz à sessão e que o analista deve interpretar.

As proibições-tabu mais antigas e importantes são as duas leis fundamentais do totemismo: não matar o animal totêmico e evitar o comércio sexual com os membros do sexo oposto dentro do clã totêmico (Freud, 1980i).

Provavelmente, essas duas leis fundamentais do totemismo contêm em si os desejos mais antigos e intensos do ser humano, que os psicanalistas consideram o ponto nodal dos desejos infantis. Além do mais, elas vão se tornar o núcleo das neuroses (Freud, 1980i).

Mas também são essas proibições que possibilitam a organização da vida afetiva e cognitiva, permitindo a interação do ser humano no mundo da cultura.

Fabio Ceccarelli publicou, em 1978, um livro sobre o tabu do incesto e os fundamentos biológicos da linguagem e da cultura. Para ele, o tabu do incesto deve ser colocado em algum ponto complexo do processo que levou um primata a assumir aquelas características típicas que denominamos humanas. Ceccarelli esclarece que devem ser individualizados os processos particulares que estruturam o tabu do incesto, as causas que o fizeram afirmar-se na espécie e as que o fazem perdurar.

> *Nós não possuímos a linguagem, a cultura e o tabu do incesto porque somos humanos, mas somos seres humanos por possuirmos a linguagem, a cultura e o tabu do incesto. A visão ideológica que nos faz crer diferentes e melhores que todos os outros seres vivos e organizados do planeta é somente um curioso delírio de grandeza. (Ceccarelli, 1978)*

A rejeição do ato incestuoso, pelo fato de ser um dos poucos tabus universais, se oferece como um vasto campo para as investigações científicas, como a antropologia, a etnologia, a biologia, a sociologia, a psiquiatria, a psicologia, a psicanálise etc. Portanto, esse tipo de estudo adquire uma multiplicidade de formas, mas, se formos analisá-las atentamente, elas diferem apenas pelo grau de extensão do tabu.

O tabu universal do incesto limita-se apenas à proibição de relações sexuais entre pais e filhos, e entre irmãos e irmãs. Já a sua penalização pode variar desde considerá-lo um agravante de outro crime até chegar à pena de morte, variações que decorrem de diferenças culturais. Por outro lado, nem mesmo a aplicação de tão ameaçadoras penas impede que esse tabu seja violado por alguns indivíduos, que acreditamos ter algum tipo de dificuldade para ingressar na cultura. Podemos dizer que sempre existe um mal-estar para alcançar a cultura.

As principais questões que surgem sobre as consequências da violação do tabu são as seguintes. Se as penas não impedem que esse tabu seja violado, o que deveríamos fazer para que ele seja respeitado? A partir de que ponto podemos considerar que uma relação entre membros de uma família deixa de ser afetiva para ser sexualmente abusiva? Como a lei deveria condenar os violadores desse tabu? Poderíamos classificá-los?

Em razão da extensão do tabu do incesto a outros membros do grupo social, essa proibição torna-se mais complexa, a não ser no caso da aceitação da endogamia, em que ela já está acolhida habitualmente.

Para Ceccarelli, a partir do Iluminismo francês passa a existir um relaxamento da reação social diante da transgressão do tabu, chegando a uma simples censura do fato, sendo que essa reprovação ocorre mais em função do escândalo público do que por sua natureza (Ceccarelli, 1978).

Todas as investigações acerca da origem do tabu do incesto, da sua universalidade, de suas consequências e de seus limites originaram uma série de teorias e de interessantes controvérsias científicas que ainda não foram superadas. Consequentemente, os problemas levantados ainda continuam sem solução.

Claude Lévi-Strauss (1969) explica a universalidade do tabu do incesto, sustentando a ideia de que o ser humano é ao mesmo tempo um ser biológico (produto da natureza) e um ser social. Portanto, ele é um ser ambivalente, ou seja, produto da natureza e da cultura, o que explicaria os conflitos existentes em relação ao incesto – o que, por um lado, ele deseja e, por outro lado, lhe é proibido.

Essa constituição própria do ser humano (pertencente à natureza e à cultura) é a sua parte essencial, o fator fundamental, graças ao qual, para o qual, mas sobretudo no qual acontece a passagem da ordem natural para a ordem da cultura. A proibição do incesto é, portanto, o procedimento pelo qual a natureza supera a si mesma (Lévi-Strauss, 1969).

O tabu surge como uma condição para possibilitar uma nova organização da vida afetiva e cognitiva da espécie, pois as normas (tabus) estão na fronteira entre o afetivo e o cognitivo, ou, dito de outro ponto de vista, entre mundo interno e mundo externo.

A teoria de Lévi-Strauss se baseia em hipóteses, mas alguns trabalhos, como o do etnólogo americano Murdock, que constatou a presença do tabu do incesto em 250 sociedades diferentes, servem para reforçá-la (Murdock, 1970).

Em 1980, Salem fez uma revisão bibliográfica das teorias que fundamentam o tabu do incesto, e, de uma maneira muito esquemática, classificou-o em duas categorias diferentes, as finalistas (que se preocupam com a finalidade desse tabu) e as deterministas (que se preocupam com as condições que garantem a conservação do tabu).

Teorias sobre o tabu do incesto

a) Teorias Finalistas		
Finalidade	*Princípio*	*Autores*
Proteção biológica	Medidas eugênicas	Morgan, Maine, Westermarck
Proteção da família nuclear e da sociedade	Captura das mulheres	McLennan, Spencer, Lubbock
	Prevenção do ciúme e das disputas	Freud, Seligman, Malinowski
	Maturação do indivíduo	Parsons, teórico da família
	Sistema de intercâmbio	Lévi-Strauss

b) Teorias Deterministas		
Condição	*Princípio*	*Autores*
Inibição externa	Situação edipiana	Freud
Inibição interna	Horror instintivo	Ellis, Westermarck
	Continuum biológico	Bischoff

Fonte: Salem, 1980.

Salem fez alguns reparos a respeito da teoria eugênica e da teoria do horror instintivo que fundamentam o tabu do incesto.

Sua primeira observação foi em relação à teoria eugênica, pois Salem considera que ela não é aceitável pelo fato de que apenas recentemente tem-se questionado sobre a periculosidade do incesto, sendo, portanto, pouco provável que ela fosse observada pelos povos primitivos. Além do mais, na atualidade, está cientificamente comprovado que o incesto por si só não produz deficiências genéticas, ele apenas facilita o aparecimento de genes recessivos, que nem sempre são degenerativos.

A outra crítica que Salem faz é a respeito do "horror instintivo". A teoria da existência de um horror instintivo ao incesto foi também criticada por Lévi-Strauss e, principalmente, por Freud, que alegaram não poder entender o porquê da necessidade de uma lei interna para proibir um instinto profundo (Salem, 1980).

A observação de Lévi-Strauss e de Freud nos permite pensar na necessidade de uma repressão externa que nos proteja dessas pulsões, e essa contenção deve ser elaborada em diferentes níveis: biológico, psicológico, social e legal.

Outro tipo de classificação das teorias sobre o tabu do incesto é a proposta por Fabio Ceccarelli, que as subdivide em:

1. Teorias biológicas,
2. Teorias psicológicas,
3. Teorias sociológicas,
4. Teorias ecléticas.

Em razão da importância dessa classificação, vamos descrever, sucintamente, os conceitos expostos por Ceccarelli para cada uma dessas teorias.

1. Teorias biológicas. Essas teorias não negam os reflexos psicológicos e sociais do incesto, mas os consideram simples efeitos da causa biológica originária, e a explicação biológica se sustenta em duas outras teorias; a do instinto e a da função eugênica.

A teoria do instinto é defendida por Hobhouse, em seu livro *The material culture and social institutions of the simpler peoples,* editado em 1915, no qual afirma simplesmente que o tabu do incesto é de natureza instintiva, ao mesmo tempo que não oferece nenhuma explicação sobre esse presumível instinto.

A teoria da função eugênica foi claramente expressa por Kenneth Mather em seu livro *Human Diversity,* em 1964. Ele se fundamentou nos achados dos geneticistas, segundo os quais existem algumas teorias que mostram que nos descendentes de acasalamentos entre consanguíneos muito próximos observam-se uma maior incidência de doenças e uma menor fertilidade (Mather, 1978).

Entretanto, Theodosius Dobzhansky, em seu livro *The Evolution of the Human Species,* em 1962, afirma que a diferença na incidência de doenças hereditárias nos filhos de parentes próximos (primos, sobrinhos, tios etc.), comparada àquela verificada nos matrimônios entre pessoas sem nenhum laço de parentesco, não é grande; ao contrário, ela é tão leve que os geneticistas não condenam tais matrimônios.

Podemos observar que a teoria de Mather e a de Dobzhansky são contraditórias, mostrando dessa maneira o precário conhecimento científico que temos a respeito da existência, ou não, de problemas genéticos em filhos de relacionamentos incestuosos.

Segundo Mather, a percepção das limitações instintivas do incesto teria favorecido algumas comunidades, proporcionando-lhes uma séria vantagem na competição com outras comunidades que não possuíam esse instinto.

A função eugênica da proibição do incesto é irrefutável, e a teoria de Mather é importantíssima, porque explica uma das finalidades do tabu.

2. Teorias psicológicas. Essas teorias identificam a origem e a permanência do tabu do incesto com algum mecanismo psicológico, e os outros componentes seriam consequência ou efeito desse mecanismo.

Ceccarelli subdivide as teorias psicológicas em: teoria da convivência, teoria do assassinato do pai da horda e teoria do incesto como o negativo da família.

a) *Teoria da convivência.* Edward Westermarck, em seu livro *The history of human marriage*, afirma que por meio da seleção natural deve ter-se desenvolvido um instinto que proibia as uniões prejudiciais. Esse instinto se manifestaria simplesmente como uma repulsa às relações sexuais com as pessoas com as quais convivemos desde pequenos. O autor considera que a causa fundamental das proibições endogâmicas parece fundamentar-se na considerável ausência de atrativos eróticos entre os indivíduos que conviveram intimamente desde a infância, e isso faria com que o simples pensamento do ato sexual provocasse no indivíduo uma repulsa (Westermarck, 1978).

Algumas observações, porém, podem contribuir para derrubar essa teoria. Há, por exemplo, brincadeiras sexuais entre crianças (irmãos, primos etc.), frequentíssimas, nas quais é exatamente o sentimento de culpa proveniente do conhecimento do tabu que bloqueia as crianças, colocando limites a essas brincadeiras. Podemos também observar matrimônios duradouros e sem grau de parentesco, cujos integrantes conviveram intimamente durante a infância. Outro fato bastante fácil de ser observado, embora muito difícil de ser comentado, é a elevada frequência com que ocorrem as relações incestuosas.

Não se pode afirmar, portanto, que a convivência íntima seja um fator que possa causar o relaxamento dos atrativos sexuais; ao contrário, podemos dizer que ela até favorece o seu surgimento, pois, como diz o provérbio, "a ocasião faz o ladrão".

b) *Teoria do assassinato do pai da horda.* Essa teoria foi proposta por Sigmund Freud em seu livro *Totem e tabu*, de 1913, no qual postula a existência de uma horda de hominídeos, na qual teria se destacado um indivíduo mais forte que seus semelhantes e que governou a tribo com autoridade, violência e ciúmes, gerando em seus filhos o medo à castração (complexo de castração). Esse pai ou chefe estava isento de qualquer inibição na posse das fêmeas da horda, e, por ser ciumento, expulsava seus filhos quando os considerava aptos sexualmente, por temê-los como rivais.

Individualmente, os filhos nada puderam fazer contra o pai, mais forte; e, portanto, a estrutura social da tribo perpetuou-se. Mas um grande avanço evolutivo fundamental, segundo Freud, ocorreu no momento em que houve uma coalizão entre os filhos, que se juntaram para dominar o pai, vivenciando o conceito de que a união faz a força.

Rascovsky observa que, atualmente, o fato de o pai violento submeter seus filhos ao seu poder pode ser observado nas atitudes filicidas paternas, como na Síndrome de Caffey (maus-tratos aos filhos – *battered child*) ou nas guerras em que os mais jovens (a infantaria é constituída pelos infantes) são mandados às frentes de batalha e os adultos (generais) ficam na retaguarda.

Essa coalizão dos filhos, porém, modificou a estrutura social da tribo, pois eles deixaram de se submeter aos desejos de um indivíduo, e conseguiram se reestruturar, deixando de ser dominados pelo princípio do prazer (instintivo-afetivo) e dando origem ao princípio de realidade (cognitivo).

Para que esse fato se perpetrasse, segundo Freud, o confronto com os pais se repetiu inúmeras vezes, durante um longo período de tempo.

Freud desenvolveu a hipótese de que os irmãos vencedores algumas vezes se destruíram mutuamente em lutas inúteis, sendo que em alguns casos também progrediram para uma nova estrutura evolutiva, que consistia em sua união, observando que somente por meio desse tipo de aliança a tribo evoluía.

O que anteriormente havia sido impedido durante a existência e o domínio do pai, ou seja, a posse das fêmeas, agora os filhos vencedores proibiam para si mesmos, de maneira espontânea, sob a forma psíquica da "obediência com efeito retardado", ou seja, uma proibição por identificação, fato bem conhecido pela psicanálise. Por esse motivo, em razão da culpa subjacente ao fato, repudiavam seu ato, proibindo o assassinato do substituto do pai (o totem) e renunciando aos seus desejos incestuosos, de modo que interditavam a si mesmos as mulheres que tinham ficado disponíveis (Freud, 1980i, p. 145).

Essa nova direção evolutiva dos instintos permite hipotetizar que, na turma beligerante de irmãos, por causa dos sentimentos contraditórios (amor e ódio) para com o pai, começaram a ocorrer sentimentos de remorso e de culpa. Essa ambivalência relativa ao pai é observável em todos os seres humanos (Freud, 1980i, p. 146).

Para Freud, na psicanálise o importante não é saber se houve realmente um assassinato ou se foi apenas fruto de um desejo, pois este seria um problema da antropologia, o importante é admitir os impulsos psicológicos que permitiram modificar a estrutura desses grupos sociais primitivos, dando, assim, a liberdade para incorporar a indispensável renúncia instintiva, o que permitiu gerar a cultura.

c) *Teoria do incesto como o negativo da família.* Ceccarelli admite que inserir essa teoria no grupo das teorias de fundamento psicológico é bastante ousado e criticável, mas isso se justifica pela afirmativa de que o incesto, em primeiro lugar, destrói a relação psicológica essencial, na qual está fundamentada a estrutura familiar.

O primeiro a formular essa teoria foi Carl N. Starcke, em 1888, em seu livro *Die Primitive Familie,* no qual afirma que as relações sexuais entre mãe e filho e entre irmão e irmã enfraquecem a autoridade paterna e desagregam a família (Starcke, 1901).

Bronislaw Malinowski foi sem dúvida o mais importante seguidor da teoria de Starcke. Malinowski, em seu livro sobre a vida sexual dos silvícolas da Malásia, conclui que

> *o incesto é um tipo de desejo universal, mas que não deve ser atuado para permitir a existência da humanidade, pois ele é incompatível com a vida familiar, desorganizando os seus fundamentos.*
>
> *Nesta proibição está a base de todos os laços sociais, isto é, as relações normais entre o filho e a mãe ou o pai seria destruída. O instinto sexual deve ser aplacado na estruturação das funções familiares. Esse instinto, entretanto, é difícil de ser controlado, sendo incompatível com os outros sentimentos. (Malinowski, 1968, pp. 241-243)*

Para Malinowski (1968), o tipo de cultura que exclui o incesto é a única sociedade que permite a existência da organização social e da cultura.

Alguns teóricos questionam a concepção de Malinowski, pois não está confirmado cientificamente que a permissão do incesto provocaria forçosamente o caos social; poderia simplesmente produzir outros modos de convivência social.

Devemos reconhecer, nessa teoria, a influência das ideias de Freud, pois ambas individualizam algumas funções psicológicas importantes presentes no tabu do incesto.

3. Teorias sociológicas. Essas teorias avaliam que o fundamento e a permanência do tabu do incesto se devem a algum mecanismo social, sem, no entanto, ignorarem a importância de outros componentes.

Segundo a classificação de Ceccarelli, essas teorias são de quatro tipos: a) da captura da esposa; b) da constatação dos danos genéticos; c) da derivação do totemismo; e d) da aliança ou do intercâmbio.

a) *Teoria da captura da esposa.* Essa teoria foi proposta por um advogado de Edimburgo, John F. McLennan, em seu livro *Primitive marriage*, em 1865, e foi aceita por J. Lubbock (Lord Avebury), H. Spencer e outros, que formularam poucas variantes.

A teoria de McLennan parte da premissa de que houve um grupo primitivo humano, que vivia em condições de extrema dificuldade, ligadas ao meio ambiente, vinculadas à convivência interna no grupo e às suas relações com outros grupos. Quanto ao aspecto sexual, eles não qualificavam nenhuma forma de atividade sexual e havia desinteresse em relação aos acasalamentos; no entanto, o excesso de machos teria provocado, por um lado, a poliandria e, por outro, a captura de fêmeas de outros grupos. Como consequência, passou-se a considerar reprovável, por ser insólito, que um homem se casasse com uma mulher do mesmo grupo, e essa prática, segundo McLennan e seus seguidores, seria a causa fundamental do tabu do incesto.

A teoria da captura das esposas, que pode ser ilustrada pelo mito do Rapto das Sabinas,[2] baseia-se em uma série de hipóteses que não podem ser negadas ou confirmadas, nem quanto à evolução das instituições familiares e sociais, nem quanto à extrema aspereza na qual teriam vivido os primitivos grupos humanos.

A questão que se apresenta é a de como se poderia explicar a preservação de um tabu, uma vez superadas as condições que o teriam provocado (Ceccarelli, 1978).

Esse questionamento feito por Ceccarelli constitui o princípio no qual os mórmons se basearam para permitir os casamentos incestuosos, alegando que essas dificuldades primitivas dos seres humanos já haviam sido superadas, e, portanto, atualmente já não haveria motivos para proibir os casamentos incestuosos.

Por outro lado, para tentar explicar a permanência desse tabu, podemos considerar que houve, por parte dos seres humanos, um aprendizado com base na percepção de uma melhoria na qualidade de vida do grupo, o que permitiu que se preservasse o tabu do incesto.

b) *Teoria da constatação dos danos genéticos.* Lewis H. Morgan, em seu livro *Ancient society,* sustentou a teoria de que na Pré-História o tabu do incesto teria sido instituído com base na observação e reflexão consciente dos danos genéticos que a reprodução entre consanguíneos trazia para os seus descendentes (Morgan, 1970).

---

2 O Rapto das Sabinas é um episódio lendário da origem da cidade de Roma e está relacionado com a formação de sua população e com os primeiros momentos de sua expansão.

Como já dissemos, porém, o conhecimento de eventuais danos genéticos na prole de consanguíneos faz parte de descobertas recentes e controvertidas. Portanto, é improvável que ele tenha sido acessível aos homens pré-históricos. Mas, admitindo a hipótese de que esses danos biológicos eram reconhecidos pelo homem primitivo, restaria saber de que maneira esses danos foram esquecidos a posteriori. A ideia de que a perpetuação do tabu do incesto foi uma consequência da constatação dos danos genéticos representa, portanto, um pressuposto totalmente inconsistente (Ceccarelli, 1978).

c) *Teoria da derivação do totemismo.* Émile Durkheim sustentou a teoria de que o tabu do incesto seria uma derivação do totemismo, negando dessa forma a teoria do dano genérico.

Durkheim parte da premissa de que o totemismo é uma fase necessária na evolução do ser humano primitivo, e uma das crenças fundamentais desse sistema é a da identidade do clã com seu totem.

Um aspecto particular dessa crença é a proibição relativa ao sangue, que é o símbolo sacro da origem comunitária de um clã. Antigamente, a mulher era considerada casta até a sua menarca – nota-se aí, mais uma vez, a ideia de pureza e impureza pensada em referência ao sangue. Esse tabu relativo ao sangue pode ser observado em nossos dias nas proibições impostas aos testemunhas de jeová quanto à transfusão de sangue, em judeus ortodoxos que não permitem relações sexuais durante o período menstrual, e, no que se refere ao ritual católico da missa, destaca-se o momento da comunhão, quando o pároco bebe o equivalente simbólico do sangue de Cristo.

Baseando-se nessas reflexões, Durkheim afirmou que o sangue do próprio totem ou do clã não pode ser tocado ou derramado, particularmente o sangue menstrual. Consequentemente, a exogamia derivaria do medo de ser contaminado pelo sangue menstrual ou pelo sangue do defloramento de uma mulher do próprio clã, e esse temor à contaminação não existiria se o sangue fosse de membros de outros clãs.

A proibição do incesto, segundo Durkheim, seria o resultado do temor ao contágio primitivo (Durkheim, 1898).

Ceccarelli critica a teoria de Durkheim, dizendo que ela não se sustenta pelo fato de o totemismo não ser um feito universal; tampouco seria necessário para a evolução sociocultural da humanidade. Da mesma maneira, o horror ao sangue menstrual não é encontrado em todos os povos primitivos (Ceccarelli, 1978).

d) *Teoria da aliança (ou da troca).* Segundo Santo Agostinho, o pai e o sogro são os nomes de duas funções diferentes de parentesco, e eles são nomeados assim com a finalidade de que cada ser humano tenha um pai diferente do sogro, o que não ocorreria se dois irmãos se casassem, permitindo desse modo que os benefícios se estendam a um maior número de pessoas.

Adão, pelo contrário, estando só, foi obrigado a ser pai e sogro de seus filhos e filhas, quando contraíram matrimônio. Assim como Eva, sua mulher, foi mãe e sogra para os seus filhos.

Culturalmente, podemos observar esse tipo de indiferenciação funcional da família, por exemplo, na Itália, onde, ainda hoje, o sogro é chamado pela nora de "pai", e no Brasil, em que percebemos crianças chamando todos os adultos de "tio", o que mostra uma dificuldade para identificar e delimitar a própria família.

Por outro lado, o fato de a mãe ser uma pessoa diferente da sogra faz os vínculos sociais se multiplicarem sensivelmente. Agora, se a irmã também for esposa, passa a ter dois parentescos que podem ser confundidos e que, quando separados, de modo que ela seja ou irmã ou esposa, permitem que o parentesco social seja aumentado, crescendo o número de funções em uma família (Santo Agostinho, 1963).

A ideia de que as alianças familiares podem fortalecê-la foi defendida pela imperatriz Maria Teresa da Áustria (1717-1780), que argumentava que seu país preferia não fazer guerra: a primazia era dada ao casamento com os inimigos.

O antropólogo E. B. Tylor expressa de maneira sintética e dramática esse conceito na famosa frase: *between marrying-out and being killed-out* (Tylor, 1889).

Para Ceccarelli não é possível negar a consistência dessas afirmações, mesmo porque nelas se pode identificar uma das importantíssimas funções do tabu do incesto: a necessidade das alianças humanas, presente em todas as sociedades e em cada momento da história humana (Ceccarelli, 1978).

Sem esse tipo de aliança entre as famílias, nos grupos primitivos, seus integrantes não poderiam subsistir, pois, se os pais se casassem com os seus filhos, e os irmãos com as irmãs, os grupos ficariam isolados e fragilizados.

A necessidade de ampliar o poder das famílias pode ser observada nas sociedades em que os pais fazem casamentos arranjados de seus descendentes, e sobre os quais os filhos não são consultados a respeito de sua preferência nupcial.

Mas, para evitar o enfraquecimento familiar, tornou-se necessário encontrar um meio de normatizar essa prática, e esse meio foi o tabu do incesto. Proibidos de se casarem com os próprios familiares, os membros do clã deveriam optar entre casar-se com membros de outro grupo familiar ou ficar solteiros, o que contraria a natureza dos primatas.

Assim, o obstáculo foi superado, dando um salto qualitativo em relação aos tipos de acasalamentos, encontrando-se uma maneira mais sólida e duradoura para a estrutura das famílias. Sem esse evento, a espécie humana não teria superado o estágio dos antropomorfos (White, 1969).

Leslie A. White acompanha a teoria evolucionista de Tylor e a fortalece, pois ela não se limita a resolver o aspecto funcional do tabu, isto é, o conjunto de alianças que ele origina, mas elabora também um modelo evolutivo no qual fica identificado o momento da passagem do estágio de símios para o estágio humano. Para White, o ponto de virada ocorreu quando houve uma organização social formada por famílias, um matriarcado, que sucessivamente se coligaram formando grupos maiores, clãs, povos e nações, assim como atualmente, para favorecer seu desenvolvimento, os países se coligam em grupos políticos e/ou econômicos.

A teoria do etnologista Claude Lévi-Strauss tem muitos pontos de contato com a teoria de White, mas Lévi-Strauss apresenta uma maneira particular de interpretar o tabu do incesto. Para ele, a proibição do incesto ou da exogamia, que é a sua expressão dileta, representa uma norma de reciprocidade: o conteúdo da proibição não termina no fato da proibição, quanto a um tipo de impedimento, mas ele ordena que se estabeleça direta ou indiretamente uma troca ou um intercâmbio (Lévi-Strauss, 1969).

4. Teorias ecléticas. Essas teorias, propostas por G. P. Murdock e Robin Fox, baseiam-se na ideia de que, para explicar o tabu do incesto, é necessário encará-lo e interpretá-lo sob diversos ângulos, isto é, o tabu do incesto não ocorre por uma única razão, mas, sim, por um conjunto de razões.

Partindo dessa premissa, G. P. Murdock (1971) apresenta quatro hipóteses: a primeira delas defende a ideia de que o tabu do incesto estrutura a família, o que favorece o aprendizado individual da iniciação sexual, e isso ocorre em todas as relações sexuais primárias, excluídas a de marido e esposa, que são mencionadas nos tabus culturais.

A segunda hipótese sustenta que a família satisfaz a muitas e importantes necessidades sociais. Consequentemente, tudo o que enfraquece a família enfraquece o corpo social de diferentes maneiras, como paralisando a cooperação, reduzindo a taxa de reprodução, aumentando a mortalidade infantil etc. O conflito no âmbito familiar é uma fonte de enfraquecimento, e nenhum outro modo de conflito é mais destrutivo do que a competição e o ciúme sexual. Por esse motivo, a diminuição da rivalidade sexual entre pais e filhos e entre irmãos consolida a família como grupo social cooperativo, fortalecendo a sociedade como um todo.

Não há a menor dúvida quanto à importância do papel da família na estrutura social, mas esses argumentos que tentam mostrar de que maneira se estruturou a sociedade, assim como os argumentos utilizados por Malinowski, que sustenta a ideia de que seria um caos se não existisse a família patriarcal, são pelo menos questionáveis, pois não há provas de que, sem família, existiria realmente o caos.

A terceira hipótese é a da seleção natural, e postula que a sociedade não consegue, por meio de práticas racionais ou irracionais, reduzir os conflitos interfamiliares de modo que não interfiram no cumprimento satisfatório do serviço social e familiar. No decorrer do tempo, esses conflitos interfamiliares declinariam até serem transformados em competição com outras sociedades. Portanto, é presumível que apenas aquelas famílias que resolveram esse problema, por meio da única forma possível e satisfatória, conseguiram sobreviver, e isso ocorreu pela proibição do incesto.

A quarta hipótese sustenta uma outra vantagem do tabu do incesto. Ela se refere ao aspecto da sobrevivência societária, e o benefício decorreria do fato de que, como cada família é um grupo social distinto e, como tal, possui uma cultura distinta, a inter-relação familiar enriqueceria as famílias, e esse seria o motivo pelo qual os membros de cada família estariam obrigados a se casar fora dela. Os tabus produziriam automaticamente a difusão desses elementos culturais (Murdock, 1971).

Robin Fox sugere que, na nossa espécie, o tabu surge e permanece para preservar uma vantagem seletiva na tentativa de prevenir as consequências desastrosas dos cruzamentos endogâmicos. Isso teria ocorrido em razão da existência de uma estrutura demográfica muito distante entre si para os povos primitivos; e, visto que os nascimentos eram demorados e a puberdade tardia, as uniões sexuais eram procuradas fora da família, originando o tabu (Fox, 1973).

Podemos observar que todas essas teorias foram formuladas numa tentativa de explicar os fundamentos e a permanência do tabu do incesto. Mas a própria existência de tantas e tão diferentes teorias permite concluir que nenhuma delas é totalmente satisfatória. Por outro lado, faltam argumentos convincentes para podermos refutá-las completamente.

Várias dessas teorias apelam para fatores exógenos ou endógenos misteriosos e não identificados; outras hipóteses são teoricamente razoáveis, mas ainda não puderam ser confirmadas, nem sabemos se algum dia poderão ser provadas ou investigadas quanto a sua veracidade.

Mas o fundamental não é confirmar essas hipóteses, o importante é aceitar que a proibição do incesto é universal e que tem por finalidade organizar o indivíduo e a sociedade, como afirmam, entre outros, McLennan, Spencer, Lubbock, Freud, Malinowski, Parsons, Lévi-Strauss.

Para Freud, a "barreira do incesto" torna possível ao ser humano ultrapassar a fase em que toda excitação é fantasiada para um estado no qual existe uma excitação objetal, e é nesse momento que a pulsão pode tornar efetivo o seu desejo. Essa repressão é estruturante para o indivíduo, pois organiza a sua vida afetiva e cognitiva, conduzindo-o à maturidade e permitindo, desse modo, que ele alcance a cultura e a exogamia.

Por outro lado, para que se estruture a ordem social, torna-se necessário que se criem leis. Para Freud, as interdições sociais fundamentais são o tabu do incesto e o tabu do assassinato do pai, já prenunciados por Sófocles em Édipo Rei.[3]

Conforme conclui Ceccarelli, nós não temos a linguagem, a cultura e o tabu do incesto porque somos humanos, mas somos humanos porque possuímos a linguagem, a cultura e o tabu do incesto.

Para explicar a origem do tabu do incesto, existem várias teorias. Por um lado, temos as teorias deterministas, que explicam que ele ocorre devido a uma inibição interna (inconsciente), ou que pode ser motivado por uma determinação externa (lei). Por outro lado, temos explicações por meio de teorias finalistas pela ação,

3 Em *Totem e tabu*, Freud oferece uma contribuição à antropologia social avaliando a necessidade de tabus na regulamentação das leis sociais. Por meio da teoria sobre o complexo de Édipo, Freud enfatiza a importância de reprimir alguns desejos. Em todas as culturas, encontramos totens que simbolizam as leis contra as relações sexuais, e consequentemente o casamento, entre pessoas do mesmo totem.

que têm como proposta a proteção da espécie; outra teoria finalista da ação propõe a proteção da família e da sociedade. Porém, apesar das diferentes hipóteses e de não sabermos qual é a verdadeira origem desse tabu, todas elas afirmam a necessidade básica dele, que permitiu a evolução da espécie, tornando-nos seres psicossociais.

3. Abrangência da psicopatologia[1] forense

Entre as escrituras egípcias, o Talmude, o Novo Testamento e as leis da Grécia e de Roma, encontram-se anúncios precursores da futura vinculação da psicopatologia com a lei. Ainda que as profissões de psicólogos, de psiquiatras e de cientistas sociais viessem a aparecer somente depois de alguns milênios, os esforços do ser humano para compreender a psique e a sua relação com a lei são visíveis desde épocas remotas (Freedman, Kaplan & Sadock, 1982).

Desde a aurora da nossa civilização, a sociedade tem desenvolvido lentamente uma preocupação tanto em relação à conduta dos criminosos doentes mentais (responsabilidade criminal) quanto em relação aos direitos civis dos doentes mentais (o cuidado para com os seus bens, casamento, exercício da profissão, necessidade de estarem livres ou encerrados, a credibilidade de seus atos etc.).

1 A psicopatologia pode ser definida como uma área do conhecimento que objetiva estudar os estados psíquicos relacionados ao sofrimento mental. É um campo do saber que, por um lado, encontra as bases das disciplinas biológicas e as neurociências e, por outro, se constitui com inúmeros saberes oriundos da psicanálise, psicologia, antropologia, sociologia, filosofia, linguística e história.

Diante das disciplinas científicas que estudam as relações humanas, suas experiências e seus valores, em nenhum lugar encontramos uma relação tão íntima entre a saúde mental e os seus problemas sociais como a existente na psicopatologia forense.

A psicopatologia forense foi por muito tempo considerada um assunto de pouco interesse para os psiquiatras, mas, em razão da grande influência, nas últimas décadas, dos conceitos de saúde mental sobre os novos códigos, converteu-se em um foco de importância crucial para todos os profissionais vinculados à área da saúde mental.

Infelizmente, esse não é um tema de fácil compreensão e assimilação. Na realidade, a relação entre saúde mental e justiça é bastante complexa, pois a ciência (saúde mental) tem evoluído sempre de uma maneira mais rápida do que a legislação (forense), criando um descompasso entre saberes.

Para entender o que vem a ser a psicopatologia forense, em primeiro lugar devemos nos questionar sobre o que é a doença mental e como foi entendida em diferentes épocas e culturas. Posteriormente, realizamos uma reflexão sobre o nosso conceito de saúde mental, para finalmente descrever como a Organização Mundial da Saúde (OMS) a define.

Podemos dizer com certeza que não foi o médico quem apareceu primeiro em cena, mas, sim, que ele foi antecedido pela dor, pela doença e pela necessidade de ser cuidado.

As doenças sempre existiram em grande quantidade na idade dourada do homem primitivo, há dez mil anos; já na Era Paleozoica, milhões de anos antes, pôde-se constatar esse fato. Isso ficou demonstrado nas investigações de restos humanos das épocas pré-históricas.

Naquela época, a atitude em relação à doença não se baseava na síntese intelectual das observações da pessoa doente, como ocorre atualmente, mas consistia em uma espontânea reação emocional diante da dor, que incluía também um grande temor.

O indivíduo assustado com a doença e com a dor era transportado ao reino da imaginação fantástica. Sabia muito pouco, e esse escasso conhecimento não lhe permitia pensar sobre o mundo exterior, povoando-o por isso mesmo de seres imaginários. Não havia uma divisão clara entre doenças físicas e mentais (Zilboorg, 1941).

Franz G. Alexander e Sheldon T. Selesnick, em seu livro *História da psiquiatria*, comentam que a psiquiatria começou quando um homem tentou aliviar o sofrimento de outro homem, influenciando-o. Enquanto o sofrimento psíquico ou o físico não se distinguiam entre si, o precursor da psiquiatria podia ser qualquer homem que cuidasse de outro ser humano com dor. A história da psiquiatria começa, assim, com a história do primeiro curador profissional, o médico-feiticeiro (Alexander & Selesnick, 1968).

Desde as épocas primitivas até a Idade Média, a pessoa com doença mental, quando não era reconhecida como tal, não era tratada. Esse paciente era então isolado, castigado ou exorcizado por alguma corporação encarregada de impor as regras morais ou por alguém que pudesse oferecer o culto divino.

Da Idade Média até aproximadamente o século XIX, época na qual a psiquiatria se incorporou à medicina, a doença mental foi considerada objeto de estudo da filosofia. O pensamento de Jaspers foi influenciado por seu conhecimento em psicopatologia e, em parte, pelos pensamentos de Kierkegaard, Nietzsche e Max Weber. Sempre teve interesse em integrar a ciência ao pensamento filosófico na medida em que, para Jaspers, as ciências são, por si sós, insuficientes e necessitam do exame crítico que só pode ser dado pela filosofia.

Na Pré-História, que vem antes da criação da escrita, entre os povos que emigraram por um lado desde a Ásia Central até o Oriente Próximo, e, por outro, até as Américas, passando pelo Alasca, foi comum a crença de que as doenças mentais foram enviadas pelos deuses ou por demônios, justificando, dessa maneira, todo tipo de ritual propiciatório para aplacar a ira divina e expiatório, consequente castigo e penitência. Nesse tipo de cultura, qualquer desgraça é atribuída ao diabo, e, para controlá-la, torna-se necessária a prática da magia branca ou negra.

Segundo Freedman, Kaplan e Sadock (1982), existem algumas provas que indicam que era comum nas culturas pré-letradas:

a) A liberação de forças imateriais por meio de poderes divinos ou de artes mágicas.

b) O princípio de solidariedade ou de contágio, que implica uma continuidade entre o ser humano e o meio.

c) A crença em formas simpáticas imitáveis de magia que têm lugar na telepatia e nas interações sinérgicas ou antagônicas entre elementos similares.

d) O poder atribuído à enunciação de determinadas palavras (esse fenômeno parece ser central em quase todas as religiões do mundo).

e) Algumas práticas terapêuticas baseadas na prescrição de drogas obtidas de alguns vegetais ou animais, que são combinadas de maneira complexa e secreta, e preparadas segundo determinados rituais.

f) Outros procedimentos baseados em métodos de substituição, ou seja, a transferência da doença para uma espécie de vítima propiciatória, frequentemente um animal.

g) A prevenção da doença assegurada pelo uso de objetos mágicos, fundamentalmente amuletos que protegem a pessoa, talismãs que simbolizam o poder e fetiches que representam a divindade protetora.

Os autores concluem que as doenças mentais, ou, mais corretamente, as doenças que os observadores ocidentais consideram da mente, são atribuídas principalmente à violação de tabus, ao esquecimento das obrigações rituais, à perda de substância vital do corpo (especialmente a alma), à introdução no corpo de uma substância estranha e nociva (possessão pelos espíritos) e à bruxaria (Freedman, Kaplan & Sadock, 1982).

Podemos depreender que os povos pré-letrados lidaram com os problemas do tabu do incesto de alguma maneira mágica, por meio de determinados rituais para se defenderem dos espíritos malignos.

No entanto, as sociedades que possuem a língua escrita e, portanto, com possibilidade de codificar, descrevem casos que servem como modelos a serem aplicados em questões semelhantes para lidar com as transgressões tabus em suas leis. A princípio, a pena não seria uma vingança desmedida.

Nas sociedades mais primitivas, aquele homem que os outros acreditavam ter poderes misteriosos tinha a capacidade de provocar a chuva ou de fazer brilhar o sol, de prever vitória na guerra ou de fazer as plantações crescerem, tinha também a tarefa de curar os doentes. Na maioria das vezes, o médico-feiticeiro era o sumo sacerdote, além de ser também o chefe da tribo e o feiticeiro do clã. Entre os grupos humanos considerados mais adiantados, os médico-feiticeiros formavam uma elite. Em geral, quanto mais elevada era a cultura, mais seleta era a casta (Alexander & Selesnick, 1968).

Comumente, existe um vínculo muito particular entre o paciente e o seu médico-feiticeiro, pois o paciente normalmente confia na função do médico-feiticeiro e muitas vezes o idealiza. Mesmo quando a medicina abandona essa comunhão místico-médica com os espíritos sobrenaturais e se converte em laica, o médico continua sendo um indivíduo socialmente idealizado. Deve ser um homem bom, honesto, piedoso, altruísta, alguém com alguma coisa a mais que um matiz de pomposa dignidade e santidade social, o qual a comunidade designa para cuidar da saúde de seus membros. Esses fatores constituem um elemento de primeira ordem para a tradição ética da profissão médica, tradição que tem mais de três mil anos (Zilboorg, 1941).

Tentaremos, a seguir, fazer uma síntese da história da psiquiatria, por meio da análise dos estudos de Zilboorg (1941), Alexander e Selesnick (1968), Freedman, Kaplan e Sadock (1982) e Cohen (1988).

Embora a nossa cultura seja ocidental, não há nenhuma dúvida de que a Europa não tem o monopólio dos pensadores, nem o monopólio dos sistemas filosóficos e médicos.

Uma das mais antigas civilizações, a babilônica, foi contemporânea à do Egito pré-dinástico mais ou menos no IV milênio a.C., antes que fossem construídas as grandes pirâmides e organizadas a religião, a ciência e a arte egípcias.

O mundo espiritual dos babilônios era povoado por muitos demônios, que eram combatidos por um número maior de espíritos benignos ou deuses. Todos os médicos tinham seus próprios deuses pessoais, mas em comum tinham como principal divindade médica o deus curador Ninurta, que, com sua esposa Gula, eram os padroeiros da arte de curar. Seu símbolo era a serpente (símbolo da sabedoria).

O símbolo da medicina, na verdade, é uma serpente enrolada ao bastão de Esculápio, ou Asclépio, nome do deus que simbolizava a medicina na mitologia grega.

Embora a população da Mesopotâmia praticasse principalmente uma medicina mágica e religiosa, a medicina contemporânea deve muito a ela, pois os mesopotâmios descreveram algumas doenças de maneira correta e pormenorizada, descrições que estão registradas em tábuas cuneiformes.[2]

Esses precursores da medicina moderna preocupavam-se com o histórico da vida do paciente, além de estarem atentos à higiene e à medicina social e, acima de tudo, à moral e à ética. Hamurabi, mais ou menos em 1700 a.C., criou um código que trata também da ética médica e que passou à história como Código de Hamurabi.

O Código de Hamurabi, ou a lei de talião, representa, com suas penas, uma dura retaliação do crime praticado. Por exemplo, em seu artigo 154 consta que, "Se um homem for culpado de incesto com sua filha, ele deverá ser exilado". Já no artigo 155, temos que, "Se um homem prometer uma donzela a seu filho e seu filho tiver relações com ela, mas o pai também tiver relações com a moça, então o pai deve ser preso e atirado na água para se afogar".

Tanto os babilônios quanto os egípcios deram ênfase à religião e à magia em suas práticas médicas. A medicina no Antigo Egito tinha o propósito de conter todos os seres maléficos e proteger o bem-estar das pessoas. As doenças da sociedade egípcia eram consideradas manifestações de raiva dos deuses (Longrigg, 2013).

Imhotep, 2850 anos a.C., além de ter sido o médico do faraó Djoser, ficou famoso como grande arquiteto, sábio, astrônomo e

---

2 Considerada a mais antiga língua humana escrita conhecida, a escrita cuneiforme é aquela produzida com o auxílio de objetos em formato de cunha e foi criada pelos sumérios por volta de 3500 a.C., na antiga Mesopotâmia.

sacerdote. Posteriormente, foi deificado como "deus da medicina". Seu templo em Mênfis tornou-se uma escola de medicina e um hospital, no qual se praticava o sono letárgico e algum tipo de psicoterapia desenvolvida, posteriormente, pelos sacerdotes de Esculápio. Os pacientes eram encorajados a se ocupar, em suas horas de folga, com atividades recreativas como: excursões sobre o Nilo, concertos, danças, pintura, desenho e outras ocupações prazerosas.

Por volta do século VI a.C., na China, surgem duas filosofias confrontantes: o confucionismo e o taoismo.

A doutrina de Confúcio exclui toda metafísica, estabelece uma lógica que leva o homem a raciocinar e a se exprimir satisfatoriamente, propondo uma moral que lhe permita viver bem.

O taoismo vem a ser a filosofia de um pensador profundo, Lao-Tsé, que caracteriza o homem, a sua experiência social e política, como o centro da investigação. Como resultado desse pensamento, temos o entendimento das relações humanas individuais em função das instituições sociais.

Essa filosofia expressa uma visão holística do ser humano, indicando que o homem deve comungar com todos os seres na "unidade do ser".

Na China, no livro de medicina interna clássica, da época do imperador Amarillo (1000 a.C.), já existiam referências à loucura, à demência, às condutas violentas e às convulsões.

A crença no yin e no yang (forças opostas do masculino e do feminino que se encontram em um estado de perene repulsão e atração) faz com que se pense que a doença mental seja a consequência de um desequilíbrio entre essas forças; assim, a prática da acupuntura facilitaria o fluxo correto do yin e do yang pelos canais do corpo, promovendo a melhora do doente.

Na Índia, o budismo recebeu do bramanismo, e ainda a conserva, a ideia da transmigração,[3] de nirvana (cessação do sofrimento, da miséria e da contínua condenação à reencarnação) e do karma (movimento ou força), mas diverge da doutrina ortodoxa pela crença de que nada há de permanente, nem no mundo material, nem no espiritual.

A antiga medicina hindu assemelha-se à persa e à chinesa pelo fato de terem como base a luta de forças, que, no caso hindu, representa as forças do mal (Siva) e as forças da restauração (Vishnu).

As fontes primitivas de interesse psiquiátrico na Índia encontram-se nas fórmulas mágicas contra os demônios e os seus representantes humanos. Isso pode ser observado no Atharva-Veda,[4] escrito no ano 700 a.C., e que constitui o documento mais importante da medicina védica (Rao, 1985, p. 5).

Já no livro de Charoca (100 d.C.), pode-se ler que se considera como sinal de boa saúde a mistura harmoniosa entre a mente, o corpo, os sentidos e o ego. A perda da saúde mental era atribuída à prevalência das paixões (*rajas*) e à obscuridade (*tamas*), que causavam um desequilíbrio na constituição do indivíduo, considerado um microcosmo paralelo ao macrocosmo do universo.

---

3 Transmigração é uma doutrina filosófica de origem indiana transportada para o Egito, de onde mais tarde Pitágoras a importou para a Grécia. Os discípulos desse filósofo ensinavam ser possível uma mesma alma, depois de um período mais ou menos longo no império dos mortos, voltar a animar outros corpos de homens ou de animais, até que transcorresse o tempo de sua purificação e pudesse retornar à fonte da vida.

4 Atharvangiras, o antigo nome para o Atharva-Veda, sugere uma abordagem dupla: práticas curativas e pacificadoras e práticas de bruxaria e encantamento (*ghora*). Ambas as práticas estavam nas mãos de sacerdotes mágicos e *medicine-men* (os atharvans), que dominavam a cena antes e durante o período do Rig Veda. A situação tem continuado assim até agora, após quase 7 mil anos, nas partes rurais da Índia e entre as populações tribais.

A filosofia brâmane considerava que o ar, a bílis e a fleuma eram essenciais a todos os processos da vida e que, portanto, essas substâncias eram necessárias em proporções adequadas para assegurar a saúde.

Essa concepção de um equilíbrio harmonioso de substâncias assemelha-se à teoria humoral dos hipocráticos, embora não se saiba se houve comunicação entre os seus precursores e os praticantes das artes médicas hindus.

Podemos observar que tanto as filosofias chinesas quanto as hindus se baseiam em noções de forças que se contrapõem para conservar a homeostase. Essa dualidade instintiva também pode ser vista na teoria psicanalítica por meio dos conceitos freudianos de pulsões de vida e de morte.

Mas a fonte central de inspiração das psicoterapias psicanalíticas é a filosofia indiana, como a budista, que inverte o centro de atenção do mundo exterior para voltar todo o seu interesse para o mundo interior. A filosofia indiana teve, inclusive, grande influência na obra de Wilfred Bion, não só por sua vivência quando criança, mas também pela forma como a sua personalidade foi sendo construída.

Já os gregos, seguramente, estavam influenciados pela medicina egípcia quando deificaram Esculápio (século XIII a.C.), pois o identificaram com o médico egípcio Imhotep, que já havia sido deificado.

Esculápio demonstrou ter grande habilidade na manipulação de ervas medicinais e influenciou a medicina grega durante séculos, porém, na era do iluminismo grego (séculos VII e VI a.C.), o seu prestígio começou a declinar.

Esculápio é considerado tradicionalmente o deus da medicina, ao passo que Hipócrates (século IV a.C.) foi o primeiro laico que se tornou médico, passando a ser considerado o pai da medicina grega.

Hipócrates se alimentou das tradições gregas e egípcias e não deixou de observar e de estabelecer hipóteses. Considerava que as doenças se originavam no interior do corpo e, com esse posicionamento, afastava a hipótese de que elas eram provocadas pelos espíritos. No *Corpus Hippocraticus*, em seu tratado sobre a epilepsia, ele pondera que é o cérebro que está doente.

Para os hipocráticos, as doenças apareciam em razão de um desequilíbrio entre os líquidos corporais, que poderia estar relacionado a um desequilíbrio semelhante no meio ambiente.

Esses médicos davam ênfase às observações feitas nos pacientes, pois elas serviam como guia de sintomas.

Hipócrates, ao contrário dos sacerdotes esculapianos, não hesitava em relatar casos malsucedidos, demonstrando, nesse sentido, as suas dificuldades humanas.

De toda a vasta literatura que ele nos deixou, em cinco de seus livros podemos encontrar os ensinamentos tradicionais de uma boa ética. São eles: a Lei, os Preceitos, a Compostura, o Médico e o Juramento. É dele o texto do juramento que resume toda a doutrina dos principais deveres da profissão médica.

Empédocles (século V a.C.), considerado por alguns o fundador da medicina moderna, foi um médico que passou grande parte de sua vida em Agrigento, na Magna Grécia.

Foi o primeiro, antes de Darwin, a explicar a evolução pela sobrevivência dos mais aptos. Ele acreditava que os elementos eram atraídos e separados pelas forças originárias do amor e do ódio, antecipando-se, assim, aos conceitos de Freud sobre os instintos de vida e de morte.

Cláudio Galeno de Pérgamo (século II d.C.) foi, sem dúvida nenhuma, o médico mais importante da época romana. Descreveu alguns tipos de anomalias, como a melancolia e a paranoia, observando que as pessoas com esses distúrbios tinham as suas percepções procedentes de falsas impressões (*phantasia*) e que lhes eram comuns o medo e o desespero (*dhystymia*). Assinalava que a retenção de esperma masculino ou o atraso das descargas uterinas contribuíam para o desequilíbrio psíquico e as manifestações de ansiedade. Ele já relacionava os sintomas histéricos à ausência de relações sexuais e havia observado, também, o efeito curativo das relações sexuais e a liberação das tensões trazida pela masturbação.

Entretanto, foi em relação aos aspectos legais das doenças mentais que os romanos deram a sua maior contribuição à psiquiatria.

Pelo fato de que anteriormente não se diferenciavam as doenças mentais, suas consequências legais eram sempre as mesmas (capacidade civil ou responsabilidade criminal), pois os diversos termos que as definiam (*furiosi*, *mente*, *capti*, *dementes*, *fatui*) eram usados de maneira indiscriminada.

Nos textos clássicos das últimas épocas do Império Romano, o *Corpus Juris Civilis*[5] detalhava as diversas condições (loucura, embriaguez etc.) que, quando constatadas no momento em que se cometia o ato criminoso, podiam diminuir a responsabilidade.

A condição mental do acusado era determinada pelo juiz. Os médicos não eram consultados sobre esses assuntos, e tais

5 Justiniano (482-565) foi imperador romano. Assim que assumiu o poder, ordenou a compilação de leis que compõem o *Corpus Juris Civilis*. Ele organizou as leis que já existiam e formulou novas, que se tornaram a base do direito civil moderno.

indivíduos eram colocados sob custódia familiar ou sob tutela de outras pessoas, designadas pelo juiz.

O direito do juiz de determinar acerca do estado mental de uma pessoa, sem a necessidade do parecer de um especialista em saúde mental, persiste até os nossos dias. Evidentemente, as sociedades mais avançadas estão, cada vez mais, modificando essa atitude, e o juiz, com uma frequência cada vez maior, pede auxílio aos peritos.

O código romano incluía em suas normas a capacidade da pessoa com doença mental, ou seja, se ele podia se casar, se divorciar (da esposa), dispor de seus bens, fazer seu testamento ou mesmo atuar como testemunha.

Durante o governo do imperador Justiniano (século VI d.C.), diversas pessoas com doenças mentais foram admitidas em instituições para pobres e para outros tipos de doentes. Isso ocorreu, provavelmente, pela influência do cristianismo.

Observamos que nos Vedas dos hindus, no Código de Hamurabi da Babilônia, no *Levítico* dos hebreus, nos escritos religiosos e morais dos egípcios e nas leis da Grécia e de Roma, encontramos os indícios da futura vinculação entre a psiquiatria e a lei.

Durante o domínio do Império Romano, observou-se um particular interesse dos romanos pelas leis. Deles obtivemos, assim, uma grande contribuição à psicopatologia forense.

Em suas leis sobre criminalidade, já existia a ideia de *mens rea*, ou seja, espírito culpável; a ideia de *lucidum intervallum* transformava a pessoa com doença mental que tivesse cometido um crime em inimputável. Quanto à capacidade civil, temos o *non compos mentis*, que significa a perda da capacidade civil, e o *intervalla perfectissima*, que era o momento em que se suspendia a curatela. Os *infantis* até os 7 anos estavam isentos de qualquer imputação penal, os *impuberis* até os 14 anos tinham o dolo parcialmente apurado pela justiça e, finalmente, os *minoris*, até 25 anos, tinham a imputabilidade diminuída.

Os gregos possuíam duas grandes virtudes: a capacidade de aprender com as culturas do Oriente Médio e da Ásia e a de procurar segurança interior no conhecimento e na razão. A máxima de valor universal que está esculpida no frontispício do Partenon, em Atenas, "Conhece-te a ti mesmo", é a síntese dessa filosofia.

Os romanos obtiveram a herança intelectual dos gregos, porém, para assegurar a paz de espírito, eles confiavam mais nas instituições sociais e na organização racional de uma sociedade sustentada por leis igualitárias, por realizações tecnológicas e pelo poderio militar.

O colapso do Império Romano produziu um retrocesso geral com a crença na magia, no misticismo e na demonologia, da qual o homem parecia ter se libertado, sete séculos antes, graças ao gênio grego.

Na Idade Média, as imagens de Esculápio eram retiradas dos santuários pagãos e veneradas, tanto quanto as imagens de Jesus, o curador. Santos eram reverenciados e, como no passado pagão, invocados para prevenir doenças.

A psiquiatria da Idade Média dificilmente poderia ser distinguida da demonologia pré-científica e, em consequência disso, o tratamento mental era sinônimo de exorcismo. Esse período caracteriza-se pela caça às feiticeiras. Com o advento do Renascimento[6] (séculos XV e XVI d.C.) e o princípio vital da observação objetiva, é reintroduzido o pensamento clássico grego.

6 Renascimento significa, literalmente, nascer novamente. Por isso, esse termo foi utilizado para indicar o movimento de retomada da cultura clássica greco-romana.

Nesse período humanista, nasce Johann Weyer (1515-1588), considerado o primeiro psiquiatra. Ele estudou medicina em Paris e foi transformando gradualmente seu interesse, partindo da medicina geral para o estudo da conduta humana individual.

Observou principalmente as mulheres que tinham sido acusadas de bruxaria. Publicou, em 1563, *De praestigiis Daemonum,* que é considerado um marco na história da psiquiatria, pois o autor rejeita a crença na bruxaria e condena os clérigos que a apoiam. Weyer, em razão de sua grande experiência clínica, conseguia descrever um amplo número de sintomas e diagnósticos, como as psicoses tóxicas, a epilepsia, a psicose senil, os pesadelos, a histeria, as convicções delirantes, a paranoia, a *folie à deux* e a depressão.

Nesse período, nasce na Itália Paolo Zacchia (1584-1659), considerado o pai da medicina legal moderna. Ele afirmava que somente o médico era capaz de avaliar a condição mental de um indivíduo.

Admitia que os pacientes maníacos, quando se encontravam em um intervalo lúcido, podiam ser considerados parcialmente responsáveis pelos seus atos criminais. Considerava também que o matrimônio podia beneficiar um melancólico e que um crime passional devia ser absolvido.

Em relação aos alcoólicos, Zacchia recomendava que tais indivíduos deveriam ser estudados cuidadosamente. Por esse motivo, formulou algumas regras acerca da capacidade do sujeito para testar, casar, entrar para uma ordem religiosa e testemunhar.

A importância de Zacchia reside em sua atitude liberal, segundo a qual deve-se dar uma maior importância à pessoa do que à lei, mostrando, dessa forma, que os princípios éticos (pessoa) podem ser diferentes dos princípios morais (lei).

A riqueza dos dados médicos e científicos estabelecidos durante os séculos XVII e XVIII foi tão grande que se tornaram necessárias uma síntese e uma sistematização, que, em relação à psiquiatria, foram realizadas principalmente por Philippe Pinel (1745-1826), William Tuke (1732-1822) e Vincenzo Chiarugi (1759-1820). Eles propuseram um sistema que pudesse eliminar os métodos desumanos de restrição das pessoas com doenças mentais.

Os Estados Unidos da América, em 1787, criam a sua Constituição, na qual aparecem legislados os direitos de liberdade e democracia (uma nova visão social). Esses mesmos direitos inspiram os movimentos de emancipação dos países latino-americanos e a própria Revolução Francesa,[7] de 1789, cujas ideias dão origem aos princípios de liberdade, igualdade e fraternidade. Como consequência desses movimentos, surge a Declaração dos Direitos do Homem e do Cidadão.

Na França, em 1838, o rei Luís Filipe promulga uma lei que organiza a hospitalização das pessoas com doenças mentais em estabelecimentos públicos ou privados. O Estado passa, então, a se preocupar com a proteção dos enfermos e de seus bens. Essa lei tem efeitos até os nossos dias, pois consta do nosso Código Civil e é ela que permite a internação involuntária dos doentes mentais, além da interdição de todos os seus direitos civis.

Em 1843, na Inglaterra, ocorrem uma tentativa de assassinato do primeiro-ministro (o caso McNaughton) e um atentado à rainha Vitória. Esses acontecimentos fizeram com que os ingleses começassem a se preocupar com o problema da responsabilidade penal das pessoas com doenças mentais.

---

7 Os princípios democráticos da Revolução Francesa foram retomados nos princípios da bioética, equiparados com a liberdade (autonomia), a igualdade (justiça) e a fraternidade (beneficência e não maleficência).

Com relação ao problema da imputabilidade ou da inimputabilidade, a Justiça busca definir se o culpado conhecia a natureza do ato que cometia e se sabia que o que estava fazendo era incorreto, ou seja, se o indivíduo era emocionalmente maduro e mentalmente são. Essa lei faz parte do nosso Código Penal quando este trata da questão da inimputabilidade ou da semi-imputabilidade do criminoso.

Como consequência da Segunda Guerra Mundial, a sociedade revê muitos de seus princípios. Desse modo, a concepção de doença mental, sua etiologia, sua terapêutica, a ética referente a ela e as suas consequências legais são reformuladas.

Entramos assim em um período ideológico, denominado saúde mental, na qual esses conceitos são estudados e postos em prática, ocasionando uma verdadeira revolução quanto aos direitos e deveres das pessoas com doenças mentais. Além de a doença mental passar a ser vista como um problema biopsicossocial, começam a fazer parte desses ideais os conceitos de liberdade e democracia.

Podemos observar que as ideias de liberdade, igualdade e fraternidade, propostas pela Declaração dos Direitos do Homem e do Cidadão, somente passam a ter uma dimensão universal em 10 de setembro de 1948, quando a Organização das Nações Unidas adota a Declaração Universal dos Direitos do Homem e do Cidadão.

Diante dessas mudanças estruturais, torna-se necessário criar especialidades. Por esse motivo, em 1958 na Dinamarca, em um seminário promovido pela Organização Mundial de Saúde (OMS), foram tomadas as seguintes decisões:

I. É necessário dar à psiquiatria forense o caráter de uma especialidade independente, pois os psiquiatras gerais carecem de formação específica. O melhor é contar com um departamento universitário, dentro da faculdade de medicina, destinado essencialmente a:

a) formar psiquiatras forenses;

b) melhorar a formação de psiquiatras gerais nessa especialidade;

c) dar cursos de especialização para advogados, sociólogos, psicólogos, assistentes sociais etc.

II. Os cursos de psiquiatria forense, independentemente de tudo o que se refira à psicologia, psicopatologia e psiquiatria, deverão compreender:

a) o direito penal;

b) a criminologia;

c) a sociologia;

d) o estudo de todo tipo de delinquente.

Seria importante acrescentar a esses cursos:

a) o direito civil;

b) as leis trabalhistas;

c) as leis militares;

d) a vitimologia;

e) a sexologia (Carvalho et al., 1987).

Concluindo esta revisão histórica da psicopatologia forense, vamos definir em primeiro lugar o conceito de saúde mental, para podermos finalizar este capítulo com a nossa definição de psicopatologia forense.

Freedman, Kaplan e Sadock definem saúde mental como "um estado de bem-estar emocional, no qual a pessoa é capaz de funcionar sem problemas na sociedade à qual pertence, e cujas características e rendimentos pessoais são satisfatórios a ela" (Freedman, Kaplan & Sadock, 1975, pp. 2326-2332). A nossa definição de psicopatologia forense é: "A aplicação de todos os conhecimentos de saúde mental em todas as situações de ordem penal, civil ou laboral, nas quais se tornam necessários o estudo e a comprovação do estado mental de um indivíduo".

O objetivo geral da psicopatologia forense é estudar a vida psíquica patológica, nas suas diferentes formas de expressão, analisando a complexidade das relações e as suas múltiplas causas, para que, de um modo particular, possa auxiliar as vítimas do incesto e os seus agressores.

Por outro lado, também é do âmbito da psicopatologia forense questionar se o incesto é uma patologia mental, se devemos penalizar os seus infratores ou considerá-los imputáveis, inimputáveis ou semi-imputáveis.

Este trabalho tem como finalidade analisar, desde um vértice biopsicossocial e legal, os problemas referentes ao incesto, numa tentativa de ajudar na elaboração de novas leis, na sua prevenção e no tratamento de suas vítimas e dos infratores desse tabu.

4. Incesto e "bios"

O termo "biologia" provém da conjunção do prefixo grego *bios*, que quer dizer vida, com o sufixo *logas*, que quer dizer estudo. Foi criado pelo alemão G. R. Treviranus em 1802 (*biologie*) (Cunha, 1982).

A história genealógica do indivíduo serve, entre outras coisas, para apurar a ocorrência de casamento consanguíneo (aquele que tem ancestrais em comum) e a sua relação com a manifestação de alguma doença.

Utilizaremos como exemplo de uma história genealógica a de Édipo, na qual podemos observar que Jocasta foi sua mãe e sua esposa, e, além disso, temos a possibilidade de conhecer toda a sua constelação familiar.

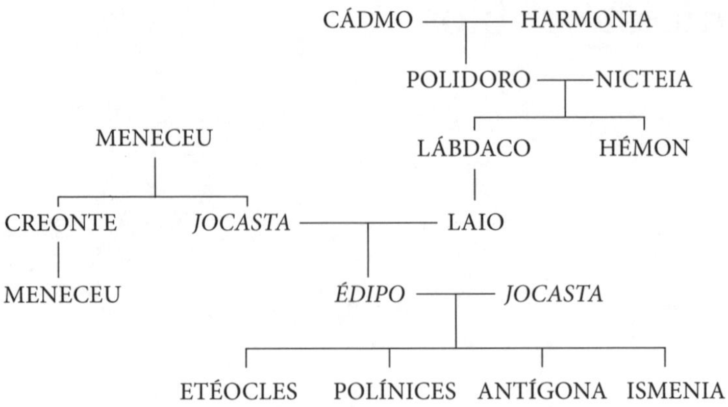

Figura 4.1 *História genealógica de Édipo.*
Fonte: adaptada de Schmidt, 1961, p. 221.

Baseando-se nas histórias genealógicas, tanto os códigos quanto a Igreja proibiram alguns casamentos entre consanguíneos.

A proibição dos casamentos consanguíneos por parte da Igreja Católica, durante aproximadamente um século incluía parentes até o sétimo grau, com base no preceito bíblico de que o mundo foi criado em sete dias; mais tarde, essa proibição passou a se referir a parentes até o quarto grau, com base nos quatro elementos – terra, água, ar e fogo (Beiguelman, 1977).

A restrição aos casamentos consanguíneos, mesmo em sociedades primitivas, é um fenômeno denominado perda de ancestrais.

Beiguelman explica que, se não houvesse casamentos consanguíneos, todo indivíduo deveria ter 2 genitores, 4 avós, 8 bisavós, 16 trisavós, 32 tetravós, ou seja, 2 elevado à enésima potência (*n* representa o número de gerações que antecederam o indivíduo). Se, em cada século pode-se estimar uma média de quatro gerações, têm-se em um milênio quarenta gerações. Assim, um indivíduo da época atual deveria ter, há mil anos, 2 elevado à quadragésima potência, o que equivale a 1.099.511.627.776 ancestrais. Como essa estimativa é improvável, devemos pensar na hipótese da existência de casamentos consanguíneos em altas proporções em eras pregressas, explicando-se dessa maneira o fenômeno da perda de ancestrais. O autor conclui que a fraternidade da espécie humana não é um mero conceito espiritual, mas uma realidade genética (Beiguelman, 1977).

Beiguelman demonstra que houve relações incestuosas na origem de nossa história, portanto, podemos reconhecer que os desejos incestuosos são inerentes ao ser humano, e que foi necessário surgir um tabu para reprimi-los.

Um casal consanguíneo tem maior probabilidade de gerar filhos com anomalias de caráter recessivo, pois ambos possuem esse tipo de gene, do que um casal não consanguíneo. A probabilidade de homozigose de um gene é constante entre consanguíneos, independentemente de sua frequência, pois, quanto mais raro é um gene, maior a probabilidade do cônjuge de possuí-lo do que de um não consanguíneo, escolhido de modo casual na população.

Algumas das anomalias de caráter recessivo, como Tay-Sachs (27% a 53%), xerodermia pigmentar (20% a 60%), albinismo generalizado (18% a 24%), podem afetar os filhos de primos em primeiro grau (Beiguelman, 1977).

Podemos observar o aparecimento de hemofilia na família real da França, que é um tipo de anomalia de caráter recessivo, de tendência congênita.

Beiguelman conclui que o casamento consanguíneo não apresenta um aspecto evolutivo, pois por si só não contribui para o aumento ou a perda de genes da população, ou seja, para a evolução da espécie humana. Nesse caso, os casamentos consanguíneos podem levar aos *equivalentes letais* da espécie humana, ou seja, genes que tenham efeito letal quando em homozigose, ou conjunto de genes distribuídos em diferentes indivíduos produzindo um prejuízo para a população.

Esse fato ficou demonstrado no trabalho de Miller e Nicely (1955), que constatou que, entre 672 filhos de casais de primos em primeiro grau, 559 (83,2%) chegaram à idade reprodutiva, ao passo que, entre 3.184 filhos de casais não consanguíneos, 2.815 (88,4%) chegaram a essa idade, portanto 6% dos filhos de casais de primos em primeiro grau morreram antes da idade reprodutiva. Com base nessas observações, Miller concluiu que nos gametas humanos existe uma série de genes que se expressam apenas em homozigose e cujo efeito seletivo varia de zero à unidade, mas que, em conjunto, produzem um efeito equivalente ao de um gene letal (Beiguelman, 1977).

O professor de zoologia John M. Deag, da Universidade de Edimburgo, estudou o comportamento social dos animais e concluiu que qualquer caráter que tenha como função auxiliar a sobrevivência e a reprodução de um organismo, deve levar em conta o comportamento de um animal, como uma parte vital da adaptação ao ambiente. Tem sido evidenciado que grande parte do comportamento social aumenta a aptidão genética do indivíduo por permitir sua sobrevivência e a de seus descendentes (Deag, 1981).

A síntese moderna da seleção natural tem como base as ideias de Darwin e Wallace, modificadas de acordo com o nosso conhecimento atual das leis da hereditariedade[1] (Deag, 1981).

---

1 A fertilização *in vitro* e a embriologia humana tiveram um aumento, desde 2005, das doações de esperma (Ferreira, 2005). O avanço do debate conclui que aspersão de sementes indica que muitas pessoas passam a vida sem conhecer seus pais biológicos ou parentes próximos a tempo de ocorrer dessensibilização, denotando inevitavelmente maior exposição a casos de atração sexual genética.

O processo evolutivo da seleção natural não para nunca, pois os ambientes mudam e, portanto, o grau de adaptação dos caracteres também deve variar. Os caracteres herdados dos pais (genótipo) são os codificados pelos genes, e os adquiridos durante a vida dos pais (fenótipo) não são passados aos filhos pelos gametas.

Em animais superiores, ocorre também o processo de transmissão cultural, ou seja, transmissão de um comportamento por meio do aprendizado. O desenvolvimento do fenótipo comportamental depende muito da interação entre aspectos hereditários e experienciais.

Charles J. Lumsden, da Universidade de Toronto, e Edward O. Wilson, da Universidade de Harvard, escreveram em conjunto o livro *Genes, Mind and Culture*, no qual eles tentam reunir a biologia com as ciências sociais. Os autores estudam a problemática do incesto e concluem que a sua ocorrência entre irmãos cria uma via régia para o estudo da coevolução entre a genética e a cultura explicadas com base nas forças das leis da epigenesia (formação de seres por gerações graduais) e pela natureza binária da escolha cultural (Lumsden & Wilson, 1981).

Eles partiram dos estudos de Shepher (1971), que analisou 2.769 casamentos realizados em *kibutzim* e verificou que em todos os casos os envolvidos procuraram pessoas de outros *kibutzim* para se casar; e de Wolf (1966), que avaliou noventa famílias de Taiwan que adotaram meninas pequenas para que se casassem com seus filhos. Os autores observaram que em ambos os casos os casais se conheceram antes dos seis anos e que, mesmo as pessoas que demonstraram algum tipo de interesse sexual durante a infância, não tiveram inclinação para o casamento com o conhecido de sua infância. Por esse tipo de observação, eles concluíram que o interesse por outro parceiro, para casar-se, decorre de uma transmissão cultural por via genética (Lumsden & Wilson, 1981).

Podemos entender que os autores estão tentando demonstrar que, em alguns casos, o tabu do incesto pode ser transmitido por via genética, e mesmo Freud já indagara nesse sentido quando propôs o conceito de séries complementares.

Para explicar a etiologia das neuroses, Freud utilizou-se do termo séries complementares, ou seja, a somatória de uma constituição hereditária e das experiências infantis e adultas. O conceito de séries complementares permitiria situar cada caso, segundo a parte relativa que corresponda à constituição, à fixação infantil e aos traumas posteriores (Laplanche & Pontalis, 1968).

Uma característica da seleção individual sexual resulta tanto da habilidade diferencial dos indivíduos para se acasalarem (aptidões) como da diferença na qualidade de parceiros obtidos (opções); a relação entre as aptidões e as opções sexuais denomina-se seleção intersexual ou seleção epigâmica,[2] que tende a atrair o sexo oposto na estação da procriação.

No ser humano, essa característica da seleção individual sexual foi estudada por Freud e denominada complexo de Édipo, e a sua opção social está determinada pela proibição do incesto.

Na espécie humana, a sublimação dessas características permitiu que o indivíduo pudesse ter a capacidade de simbolizar, podendo pensar e, portanto, elaborar conceitos abstratos.

Outro elemento identificador do comportamento reprodutivo animal é o fato de os membros de um sexo competirem frequentemente entre si pelo acesso ao outro sexo. A competição pode visar diretamente ao parceiro ou a um recurso (como um território),

2 Darwin, em seus estudos sobre a seleção sexual, denominou "epigamia" um tipo de seleção sexual. Darwin separava os aspectos "sobrevivência" e "reprodução" no processo de seleção natural.

que irá subsequentemente ter um papel importante na obtenção de um parceiro para a reprodução.

A energia gasta pelos pais para criar seus filhotes é enorme, por esse motivo, como resultado da seleção individual, ocorreu a evolução dos cuidados parentais. Mas esse comportamento altruístico tem como finalidade aumentar, na população, a frequência dos genes relativos aos cuidados parentais, favorecendo indivíduos que ajudam parentes próximos, desde que os benefícios não ultrapassem as perdas diretas na aptidão. Desse modo, privilegia-se a seleção de parentes envolvendo a sobrevivência e a reprodução diferenciais de grupos de animais aparentados (Deag, 1981).

A sociedade humana, que pode pensar e analisar esse comportamento, numa posição democrática e de uma maneira altruísta ou mesmo por necessidade de sobrevivência da espécie, criou leis sociais e as codificou para proteger desse comportamento animal a maioria de seus membros.

A observação comportamental dessa seleção de parentes foi qualificada por Freedmann, Kaplan e Sadock (1982) como uma psicopatologia familiar. Eles consideram que o ato incestuoso é a somatória da patologia mental dos pais com a falta de estruturação familiar.

Nesse tipo de psicopatologia, o modo mais comum de incesto é o do pai com a filha. No que diz respeito aos pais, ambos os progenitores se encontram afetados, visto que o incesto revela um frágil equilíbrio das funções familiares, que arrisca evitar a desintegração total. A filha afetada assume uma grande quantidade de funções parentais, enquanto os pais mantêm a aparência de uma suposta competência em seus respectivos papéis. Frequentemente, a família se desestrutura quando vem à luz a realidade do incesto (Freedmann, Kaplan & Sadock, 1982).

Pode-se considerar, no caso do incesto pai-filha, que em algum nível os atos incestuosos são efetuados com a cumplicidade familiar. O pai confunde, consciente ou inconscientemente, os desejos da filha, ao mesmo tempo que existe uma cumplicidade e uma hostilidade comum contra a mãe. A mãe força a filha a suportar a pesada carga de assumir o papel de esposa e amante do próprio pai, libertando-a dessa função familiar. Todas essas disfunções servem como defesa contra a alteração da estrutura familiar.

O incesto, como uma relação não institucionalizada, reduz as tensões familiares ao evitar o confronto com os conflitos subjacentes. Essa manobra tem êxito enquanto cada indivíduo puder dissimular por meio dela certos conflitos. Assim, o incesto:

a) permite o alívio das angústias e necessidades pré-genitais de dependência dos pais;

b) evita os sentimentos de insuficiência sexual;

c) pode ser um mecanismo de vingança contra a mãe;

d) é uma estratégia para reduzir a angústia de separação;

e) mantém uma falsa aparência de família funcional em relação aos papéis de cada um na estrutura familiar;

f) permite que o pai vivencie projetivamente, na figura da mãe ou da filha, traços paranoides e impulsos homossexuais inconscientes, relativos a seu próprio pai (avô paterno).

Outra avaliação do incesto pai-filha é a de Lusting, que definiu cinco condições para que uma família não estruturada viole o tabu do incesto (Freedmann, Kaplan & Sadock, 1982):

a) instauração da filha como figura feminina central, deslocando a mãe;

b) algum grau de incompatibilidade sexual entre os pais, com tensões sexuais não liberadas pelo pai;

c) impossibilidade do pai de procurar satisfação sexual fora do núcleo familiar, procurando manter a aparência externa de patriarca estável e competente;

d) medo da desintegração familiar e de ser abandonado em razão dessa desintegração, formando então uma família disfuncional;

e) aceitação tácita da mãe não participante da relação, mas que absolve a transgressão e funciona como cúmplice da relação incestuosa pai-filha. Trata-se de uma variante patológica de família polígama.

Esses tipos de explicações satisfazem para o incesto pai-filha, mas, nos casos de incesto entre irmãos ou de incesto mãe-filho, devemos pensar em conflitos intrafamiliares diferentes.

Podemos, por meio da análise do estudo de Lusting, avaliar algumas das variáveis da seleção intersexual ou seleção poligâmica, proposta por Deag (Freedmann, Kaplan & Sadock, 1982).

Um fator fundamental é o que diferencia a patologia familiar que permite que seja infringido o tabu do incesto daquela em que ocorre uma relação incestuosa secundária, atuada como consequência de doença mental em um dos membros da família, pois, nesse caso, não há conluio familiar.

A relação incestuosa pode ser entendida como uma expressão da hostilidade consciente ou inconsciente dos pais, combinada com impulsos pré-genitais, e a descarga desses impulsos é facilitada pela incapacidade dos filhos de impedirem essa relação, em função de sua atitude sedutora e da tendência a atuar agressivamente, sofrendo de um modo passivo (culpa) (Freedman, Kaplan & Sadock, 1982).

Essa hostilidade consciente ou inconsciente dos pais pode ser observada nas consequências do ato incestuoso, especialmente na destruição da estrutura original da família como um núcleo de proteção de seus integrantes.

Em razão dessa hostilidade, muitas vezes a história do incesto não é verbalizada pela criança ou pelos pais, por isso o clínico ou o psicoterapeuta devem estar muito atentos a uma narrativa clínica simulada ou dissimulada.

Nesse caso, o clínico precisa estar alerta para possíveis abusos, observando alguns sinais e sintomas que não ficam bem esclarecidos na história clínica, como traumatismo ou corrimento vaginal, anal ou peniano, lesões na boca ou no períneo, micção ou defecação dolorosas, presença de tricomonas ou gonorreia e evidência de sífilis (Kolodny, Masters & Johnson, 1982).

As crianças com esses sintomas devem ser investigadas com muita cautela, pois existe nesses casos forte evidência de abuso sexual.

Já nos casos em que intervêm os especialistas em saúde mental, estes devem estar muito atentos às histórias relatadas pelas crianças, e não simplesmente pensar que é apenas produto da imaginação infantil, principalmente se elas se referirem a abusos sexuais.

Em todos os casos, o profissional deve investigar os problemas familiares. Evidentemente, não se trata de entrevistar a família como se fosse um policial, julgando seu comportamento – simplesmente deve-se buscar a melhor maneira de ajudar a vítima e o restante da família como um todo.

Nossa sociedade repugna os casamentos incestuosos do núcleo familiar, não permitindo os casamentos entre pai-filha, mãe-filho ou entre irmãos.

Nos casos de casamentos entre consanguíneos, permitidos por lei, torna-se recomendável o aconselhamento genético para verificar uma possível problemática para a prole.

O Código Civil em seu Decreto-Lei 3.200 (19/04/1941), que dispõe sobre a organização e a proteção da família, permite o casamento entre tio(a) e sobrinha(o), desde que seja aprovado por exame médico, sendo este conclusivo, determinando que os médicos possam assegurar a saúde dos filhos.[3] Evidentemente, a única atitude que os profissionais podem adotar é a de pedir a realização de um estudo citogenético do feto, e isso obviamente só poderá ser realizado após a concepção, não sendo, portanto, possível uma avaliação anterior.

Nesse momento, é necessário lembrar que, em tais casos, quando verificamos alguma anomalia genética no feto, nos deparamos com outra problemática, que é a questão da permissão ou proibição do aborto.

Uma outra situação surge a respeito dos problemas de consanguinidade, como consequência da evolução científica que viabilizou a inseminação artificial, pois os legisladores deverão regularizar o uso dos óvulos e dos espermatozoides para a fecundação extracorpórea e que foram congelados, uma vez que pode ocorrer a fecundação entre gametas provenientes da mesma família. Teríamos, assim, uma relação biológica incestuosa sem que ocorresse uma relação emocional ou social incestuosa.

---

3 A Lei n. 10.406 de 10 de janeiro de 2002 institui o novo Código Civil do Casamento: Art. 1.521. Não podem se casar: I - os ascendentes com os descendentes, seja o parentesco natural ou civil; II - os afins em linha reta; III - o adotante com quem foi cônjuge do adotado e o adotado com quem o foi do adotante; IV - os irmãos, unilaterais ou bilaterais, e demais colaterais, até o terceiro grau inclusive; V - o adotado com o filho do adotante; VI - as pessoas casadas; VII - o cônjuge sobrevivente com o condenado por homicídio ou tentativa de homicídio contra o seu consorte.

5. Incesto e "psyché"

A psicanálise desenvolve uma teoria explicativa das consequências existentes entre as relações incestuosas e a psique, afirmando que somente por meio da proibição do incesto é que o ser humano pôde promover uma transformação social, atingindo, assim, uma evolução qualitativa. Para fundamentar essa hipótese, Freud criou teorias, formulou uma metapsicologia, como a teoria da libido (pulsões parciais, zonas erógenas, complexo de Édipo etc.), e desenvolveu essa metapsicologia do ponto de vista dinâmico, econômico, tópico.

James Strachey, tradutor e organizador das obras completas de Sigmund Freud, conclui que não existe nenhuma dúvida sobre o fato de que os *Três ensaios sobre a teoria da sexualidade* e *A interpretação dos sonhos* são as contribuições mais transcendentais e originais de Sigmund Freud para o conhecimento da natureza humana, e afirma também que é difícil avaliar com precisão o impacto que elas causaram quando foram publicadas pela primeira vez.

As observações clínicas realizadas por Freud sobre a importância dos fatores sexuais na motivação da neurose de angústia, da neurastenia e da psiconeurose foram as causas que o levaram a efetuar uma ampla investigação sobre a sexualidade (Freud, 1980j).

Freud, em sua carta a Fliess de 21 de setembro de 1897 (carta 69),[1] anuncia-lhe a descoberta do complexo de Édipo durante sua autoanálise. Esse fato o levou a admitir que nas crianças pequenas existem impulsos sexuais que operam sem a necessidade de estímulos externos (Freud, 1980c).

Quando Freud analisa as pulsões e as suas transformações, define pulsão como uma energia constante que provém do id e que sempre tem uma direção. As pulsões possuem quatro elementos: a pressão, o alvo, o objeto e a fonte.

Para Freud, pulsão é um conceito-limite entre a esfera mental e a orgânica. A pulsão é um estímulo que se diferencia dos outros, por ser constante e provir do interior do corpo, e não do exterior; essa constância é uma medida da exigência do trabalho da mente que procura sua vinculação com o corpo (Freud, 1980h).

A teoria freudiana baseia-se no axioma de que existe algum evento dentro do psiquismo do indivíduo que interage com um estímulo eventual, produzindo um efeito. A importância é dada pela relação entre o estímulo e o que já existe.

Como todo pensamento freudiano, a teoria das pulsões também é dualista, pois sempre parte da premissa de dois grupos de pulsões. Para Freud, as pulsões são sempre inconscientes, elas convivem lado a lado, como no caso das pulsões sexuais e do ego, e mais tarde das pulsões de vida e de morte.

---

1 Na carta 69 de Freud há uma transformação conceitual em todo o esquema teórico da Teoria da Sedução, que vai sendo progressivamente substituído pelo que conhecemos como "sexualidade infantil" e "inconsciente".

A teoria das pulsões do ego (autopreservação) foi menos desenvolvida por Freud do que a teoria das pulsões sexuais (libido). No entanto, quando ele introduz o conceito de narcisismo na teoria da libido, postula um componente libidinoso nas pulsões do ego.[2] Em seu artigo *As pulsões e seus destinos* (1915), relaciona as tendências agressivas como um elemento essencial às pulsões do ego, pois considera o ódio uma reação não libidinosa do ego.

Tanto no indivíduo normal como no neurótico e no psicótico, a pulsão sexual é a mesma. A diferença entre o saudável e o patológico fundamenta-se nas forças relativas dos componentes individuais da pulsão sexual e no papel que essas pulsões sexuais desempenham no transcurso do desenvolvimento individual. O narcisismo primário designa um estado precoce em que a criança investe toda a sua libido em si mesma. O narcisismo secundário designa um retorno ao eu da libido retirada dos seus investimentos objetais.

Para haver uma melhor compreensão do que é a pulsão sexual, Freud a decompõe nas pulsões parciais.

Freud explica que a vida sexual da criança é formada inteiramente pela atividade de certo número de pulsões que independem umas das outras e que tentam obter prazer em parte com o próprio corpo e em parte com algum objeto externo. Tais pulsões, chamadas parciais, pelo seu caráter de independência, podem ser observadas em relação às fases libidinais do desenvolvimento, pois devemos considerar que cada indivíduo tem o seu erotismo oral, anal, fálico etc.

---

2 O narcisismo, para Freud, é um estágio em que se verifica a passagem do autoerotismo, ou seja, do prazer concentrado no próprio corpo (narcisismo primário), para a eleição de outro ser como objeto de amor (narcisismo secundário). Essa transição é importante porque o indivíduo adquire a habilidade de conviver com aquilo que é diferente.

A existência de pulsões parciais não implica nenhum juízo de anormalidade ou de neurose. O que caracteriza a patologia é o papel que essas pulsões desempenham no transcurso do desenvolvimento do indivíduo. Toda pulsão compõe-se de uma pressão, uma fonte, um fim e um objeto.

A representação da fonte de uma pulsão é percebida como um processo de excitação que surge em um determinado órgão. Quando uma dessas classes de excitação for especificamente a sexual, o órgão investido pela pulsão sexual será denominado de "zona erógena". A zona erógena é uma parte da pele ou da mucosa na qual determinados estímulos provocam uma sensação de prazer, possuindo uma qualidade especial. Para Freud, o prazer deve ter sido experimentado previamente para sentir-se necessidade de repeti-lo. Essa satisfação é percebida como uma peculiar sensação de tensão e de estímulo, que possui um condicionamento central e se localiza em uma zona erógena periférica.

Existem três fontes pulsionais diferentes. A primeira delas é a consequência de uma formação experimentada pela satisfação conectada a outros processos orgânicos (alimentação, defecação etc.); a segunda decorre de uma estimulação periférica adequada das zonas erógenas (zona oral, uretro-genital etc.); e, finalmente, a terceira resulta de diferentes tipos de estímulos que podem provocar um efeito erógeno (atividades musculares, intelectuais, processos afetivos intensos etc.).

As pulsões parciais da sexualidade derivam dessas fontes internas ou estão integradas por elementos provenientes tanto de tais fontes como das zonas erógenas. A constituição sexual individual varia de acordo com o desenvolvimento oscilante das zonas erógenas e das fontes.

Quanto ao fim de uma pulsão sexual, ela pode transformar-se em seu contrário, pode voltar-se sobre si própria, pode ser reprimida, pode ser sublimada. Ela também pode ter um fim ativo, um fim passivo ou um fim que alcança o próprio corpo ou o de outrem.

Na criança, o fim sexual é dominado pela zona erógena e limitado a ela (a satisfação é obtida por meio de uma estimulação apropriada da zona erógena). No período de latência, esse fim sexual encontra-se mitigado (a pulsão sexual se acha inibida quanto ao seu fim); e no adulto o fim sexual se caracteriza pela união dos genitais, que leva a uma liberação da tensão sexual e a uma extinção temporária da pulsão sexual.

O fim sexual nas perversões (a criança para Freud é um ser perverso-polimorfo) está orientado para as gratificações sexuais obtidas por meio da satisfação das pulsões, e que são identificadas no adulto como atos preparatórios para um outro fim sexual.

O prazer preliminar chega a ser muito mais intenso e a capacidade para lidar com a tensão é muito pequena, portanto o ato preparatório passa a substituir o fim sexual. Para Freud, esses desvios ocorrem por causa de tendências regressivas do ego, de formas pré-genitais de satisfação que em muitos casos são uma defesa contra as enormes ansiedades que a sexualidade genital pode provocar.

Como um exemplo de perversão, temos o *voyeurismo*,[3] quando ela funciona apenas como um fim sexual. Para Freud, desde o começo essa pulsão é autoerótica, pois tem um objeto que é uma parte do próprio corpo. Somente depois, em razão de um processo

3 A maioria dos *voyeurs* não tem o "transtorno de *voyeurista*". O DSM-V define o transtorno *voyeurista* como um distúrbio sexual que se caracteriza em pessoas que têm casos frequentes e recorrentes de sexo intenso, despertam pensamentos, ideias, impulsos, fantasias ou comportamentos envolvendo objetos não humanos, humilhação de si mesmo e do parceiro, dos filhos ou de outras pessoas sem consentimento, por um longo período – pelo menos 6 meses.

comparativo, a pulsão é levada a deslocar esse objeto para uma parte análoga do corpo de outra pessoa (Freud, 1980h).

O objeto sexual, por sua vez, pode modificar-se várias vezes no curso do destino que a pulsão sexual suporta com resignação. O objeto sexual não é necessariamente algo externo, ele pode ser também uma parte qualquer do corpo. Constituem, ainda, exemplos de variações do objeto sexual genital:

a) aqueles que renunciam à conjunção carnal (introdução do pênis na vagina) e cujo ato sexual é sempre substituído por uma outra parte do corpo do companheiro, como a boca, o ânus (felação, coito anal);

b) aqueles em que os seus genitais não contam para a função sexual, mas, sim, outras partes, que são substitutos simbólicos da função sexual e que por razões anatomofisiológicas e por motivos de proximidade a substituem, por exemplo, a função excretória (obsessivos, paranoides), ou a função alimentar (anoréxicos, bulímicos);

c) aqueles que trocam a parte pelo todo, e os genitais são substituídos, simbolicamente, por outra parte do corpo, como os cabelos, os olhos, os pés ou alguma peça da indumentária, como sapatos, calcinhas (fetichistas, voyeuristas);

d) aqueles que desejam uma pessoa, mas a querem de determinada maneira que não é a normal, ou seja, sem o seu consentimento, como na necrofilia, no estupro, no incesto.

A seguir, destacamos algumas premissas da teoria psicanalítica sobre a universalidade dos desejos incestuosos e da necessidade de sua repressão para ingressar na cultura.

Em *Três ensaios sobre a teoria da sexualidade*, no capítulo sobre as metamorfoses da puberdade, Freud escreve a respeito da "barreira do incesto", esclarecendo que se trata de um período no qual a excitação anímica abre caminho para o sistema genital (onde aquela pulsão pode cumprir o seu desejo), conduzindo a criança à maturidade sexual, e permitindo-lhe a escolha do objeto sexual (Freud, 1980j).

A escolha sexual imediata sempre recai sobre as pessoas que a criança ama desde a infância, porém, em conjunto com as outras inibições sexuais, a barreira do incesto (que é função paterna) impede que essa escolha seja mantida e consumada. A barreira do incesto, que tem como finalidade a proteção da família nuclear e da sociedade, está provavelmente entre as aquisições históricas da humanidade.

A observação psicanalítica expressa a intensidade com que todos os seres humanos devem lutar contra a tentação do incesto nas diferentes etapas do seu desenvolvimento sexual e social, mostrando também como é frequente a sua transgressão, tanto no nível das fantasias, como no da realidade (Freud, 1980j).

O complexo de Édipo é o complexo nuclear do ser humano, com ele culmina a sexualidade infantil, influenciando decisivamente na sexualidade do adulto.

Freud desenvolveu também a questão da bissexualidade do indivíduo e mostrou como ela age no complexo de Édipo, diferenciando-o em seus aspectos positivos e negativos. Ela interfere também nas vicissitudes posteriores do complexo de Édipo, levando o indivíduo à solução dessa situação, que estará representada pela sua identificação, tanto com o pai, quanto com a mãe. A intensidade dessas identificações masculinas ou femininas se refletirá na escolha sexual do indivíduo adulto.

Mas Freud também assinalou que a evolução do complexo de Édipo é diferente para o homem e para a mulher. Nos meninos, o complexo de Édipo é inibido por causa do temor à castração, e nas meninas, é justamente o temor à castração que leva ao complexo de Édipo. Para a menina, a situação é mais complicada, já que, além de ter de se resignar pelo fato de não ter pênis, precisa mudar seu objeto de amor da mãe para o pai.

Em *A interpretação dos sonhos*, Freud comenta que nos apartamos dos desejos edípicos graças à força da repressão, e é por causa desse processo que tais desejos ficam ocultos em nosso inconsciente (Freud, 1980e).

Portanto, os desejos edípicos já não são conscientes no adulto, que pôde reprimi-los, e somente podemos inferir a sua existência por meio da interpretação indireta dos fatos, ou seja, interpretando o conteúdo latente do discurso da pessoa.

Nos primeiros anos de infância, após o narcisismo, produz-se uma convergência das pulsões sexuais, e o indivíduo passa a ter a mãe como o seu objeto de desejo. Esses desejos edipianos sofrem um decréscimo com a entrada da criança na latência.[4] Durante a puberdade, esses desejos reaparecem, e nesse período passam a ser perigosos, pois existe a possibilidade concreta de sua realização, diferentemente da infância, quando eram sempre vividos no nível da fantasia.

O complexo de Édipo revivido na adolescência constitui o pano de fundo sobre o qual se fundamenta a rejeição dos pais a satisfazer os desejos dos filhos, formando a barreira existente entre o adolescente e o adulto, que é imposta pela realidade psíquica, e que se manifesta por meio da escolha sexual e dos conflitos sexuais.

Humberto Nagera (1978), em seu livro sobre o desenvolvimento da teoria da libido na obra de Freud, conclui que a dissolução

4 No período de latência, surgem sentimentos egoicos, como vergonha, repulsa e moralidade.

do complexo de Édipo implica um modo de resolução dos conflitos edípicos que Freud concebeu, como um modelo "ideal" típico da evolução "normal", não neurótica. Nagera esclarece que as catexias de objeto são abandonadas e substituídas por identificações. Consequentemente, a autoridade do pai ou dos pais é introjetada pelo ego, permitindo a estruturação do superego, que se ocupará da severidade própria da função paterna, perpetuando a proibição do incesto e defendendo, desse modo, o ego contra o retorno das cargas libidinais de objeto.

Quando o ego consegue lidar com os elementos que constituem o complexo de Édipo, as tendências libidinais que pertencem ao complexo serão em parte assexuadas e sublimadas, e em parte inibidas em seu fim, transformando-se em impulsos afetivos (Nagera, 1978).

Nesse processo, quando o ego não consegue destruir ou demolir os elementos desse complexo, ele simplesmente os repudia, recusa ou reprime.

Para Freud, a repressão dos desejos edipianos contribui para a constituição do id, ela não o funda, pois é a repressão primária que o funda, mas trata-se de algo fundamental para a sua organização.

Os desejos edipianos permanecerão no id, manifestando-se mais tarde por meio dos seus efeitos patógenos, quando ressurgirem na puberdade ou em qualquer outro momento da vida. Nos casos ideais, o complexo de Édipo não subsiste mais no superego, pois se converte em seu único herdeiro (Nagera, 1978).

A origem do superego se deve a dois fatores, um deles de natureza biológica e o outro de natureza histórica, pois a longa e prolongada indefinição e dependência na infância e a necessidade do seu complexo de Édipo, cuja repressão está vinculada com uma mudança no desenvolvimento libidinal, provocam o início da sexualidade do ser humano (Nagera, 1978).

A superação do complexo de Édipo, por sua vez, coincide com o grande prazer decorrente do domínio de uma herança arcaica e animal da humanidade. Essa herança abarca todas as forças necessárias à evolução cultural posterior do indivíduo, mas é indispensável que elas sejam antes selecionadas e elaboradas. Esse acervo arcaico não se ajusta aos propósitos da vida social civilizada, pelo menos no modo como é herdada pelo indivíduo (Freud, 1980g).

A repressão dos desejos edipianos é um fenômeno estruturante do indivíduo e também um fenômeno cultural. A proibição do incesto é cultural e precede o indivíduo, portanto lhe deve ser ensinada. Por isso, podemos dizer que ela não é uma lei biológica, mas uma lei da cultura.

A aceitação da proibição do incesto (lei), que é imposta pela figura paterna (ameaça de castração), permite à criança unir-se à mãe, reprimindo os desejos incestuosos.

Em razão dessa proibição, o ser humano tem acesso à sua individualização, podendo, com base nessa discriminação, procurar sua própria identidade social.

Alexandre Kojève (1980), em seu livro *Introdução à leitura de Hegel*, se refere ao ser humano alegando que este é consciente de si, consciente de sua realidade e sua dignidade humana, e é nisso que se diferencia essencialmente dos outros animais, que não ultrapassam o nível do simples "sentimento de si". O homem toma consciência de si mesmo quando diz EU pela primeira vez, compreendendo o ser humano a partir da compreensão da sua origem, que envolve a sua ascendência revelada pela palavra.

A história humana, ao contrário da animal, é a história dos desejos desejados. O ser humano se organiza em função do desejo dirigido sobre outro, ou seja, um desejo de reconhecimento.

A história de cada ser humano seria, portanto, a história dos desejos edípicos que carrega dentro de si, dos da família e da evolução social que lhe permitem a discriminação das funções de pai, de mãe e de filho, sendo este o amálgama das contribuições filogenéticas e ontogenéticas.

Desse modo, o complexo de Édipo aparece como um orientador da sexualidade infantil e de suas emoções. O indivíduo pode lidar com os desejos edípicos lançando mão de três mecanismos básicos de defesa:

a) *repúdio* (psicose, nega-se alguma percepção externa). Consiste na rejeição primordial de um significante, que não se encontra integrado no inconsciente do sujeito e que permanece fora do seu universo simbólico;

b) *recusa* (perversão, aceita-se a Lei, mas nega-se a castração). Não são aceitos os desejos, são rejeitados, mas retornam desde o inconsciente e o sujeito só atua;

c) *repressão* (neurose, aceita-se a Lei e reprime-se a castração). O sujeito tenta rejeitar ou manter no inconsciente as representações (pensamentos, imagens, lembranças) que estão ligadas a uma pulsão. Ele reprime as representações porque a sua satisfação oferece o perigo de provocar mal-estar, como consequência de outras experiências.

Para Lacan, nenhum quadro psicopatológico escapa da dialética edipiana. Uma má resolução do complexo de Édipo faz com que a criança permaneça no mundo imaginário, não tendo capacidade de diferenciar o significante do significado, pois é a repressão que faz com que as significações fiquem atreladas à metáfora paterna, que é constitutiva do inconsciente. O significante fálico pode ter três destinos: a repressão ou o recalque, a forclusão ou o repúdio e a renegação ou a recusa (Hornstein, 1973).

Uma das maiores críticas feitas a Freud pelos autores favoráveis às teorias do *self*, em relação à problemática do incesto, é a de ele ter considerado nas teorias sobre as psiconeuroses a sedução como não sendo essencialmente um fato real, localizável na história do sujeito, mas um dado estrutural (permitindo o aparecimento da repressão), cuja transposição histórica somente poderia ser realizada na forma de um mito.

Se, por um lado, isso fez com que se duvidasse de muitos relatos de pacientes, considerando-os fantasmas ou fantasias, por outro, permitiu que os analistas pudessem perceber que, por trás dessas emoções, existia nas crianças toda uma atividade autoerótica, durante os primeiros anos da infância, possibilitando diferenciar uma realidade prática de uma realidade psíquica.

Para Freud, os fantasmas são criações nas quais o sujeito se encontra envolvido e que representam a realização de um desejo inconsciente, e as protofantasias (vida intrauterina, cena primitiva, castração, sedução) são restos mnêmicos transmitidos por herança de experiências vividas na história da espécie humana, nos tempos primitivos da família humana (Laplanche & Pontalis, 1968).

Os conceitos de complexo de Édipo e complexo de castração serviram para fundamentar a psicopatologia psicanalítica freudiana. Isso permitiu identificar mudanças estruturais na formação do psiquismo a partir das diferentes "resoluções" do complexo de Édipo.

Por sua vez, a psicopatologia forense tem a função de avaliar e relacionar os problemas inerentes à realidade prática e aos conflitos pertencentes à realidade psíquica de um indivíduo ante a cultura. Por esse motivo, atualmente, nas questões relativas ao incesto, devemos nos ater aos fatos relativos à realidade prática (médicos e legais) e aos fatos relativos à realidade psíquica (psicanálise).

Quanto à realidade prática, médicos, sociólogos, antropólogos, legistas estão acostumados a aceitar o conceito de família como uma instituição social que tem princípios morais que devem ser respeitados, como um homem deve casar-se com uma mulher, os pais sempre têm razão, existe sempre amor dos pais pelos seus filhos, as crianças não devem ser levadas em consideração, pois não sabem o que dizem etc.

Evidentemente, essa realidade é irreversível. Portanto, em um primeiro momento, podemos dizer que as leis da proibição do incesto, que têm por finalidade estruturar a família, permitindo nomear os seus representantes (pai, mãe, avós, filhos etc.), foram rompidas, e deverão ser conceituados de maneira diferente os representantes da família, já não por sua biologia, mas por sua função dentro das novas famílias. A importância da proibição do incesto, no entanto, não foi alterada quanto à sua função, pois esta atua como uma possibilidade que o indivíduo e posteriormente a família podem ter no sentido de limitar suas pulsões mais primárias, de modo que possam entrar no mundo da cultura humana.

Dito de outra maneira, quando Freud propõe que após passar pelo complexo de Édipo a criança estrutura o superego, podendo aceitar as leis morais, nós acrescentamos que é nesse período que o ego passa a ter a sua função mediadora entre o id e o superego, permitindo que o ser humano se torne ético.

As pessoas que forem superegoicas (moralistas) resistirão a aceitar esse tipo de mudança social, mas as que tiverem um ego bem estruturado (éticas) poderão se ajustar a essas mudanças e criar tipos de restrições para se adaptarem à essa nova sociedade. Isso não quer dizer que elas sejam amorais, simplesmente podemos afirmar que têm um ego maduro. Em ambos os casos (superegoicas ou com ego maduro), elas tiveram de reprimir os seus desejos incestuosos. A diferença reside no fato de que as que possuem um ego maduro podem lidar com o conflito produzido pela interação entre o seu mundo interno e o externo, enquanto as superegoicas negam esse tipo de conflito e afirmam saber qual é a realidade.

A questão psicopatológica será, então, a de saber qual era o estado mental do indivíduo que cometeu algum ato incestuoso, podendo dessa maneira diferenciar o que o levou a ter uma relação incestuosa, se foi um distúrbio de personalidade ou uma doença mental.

Sob o ângulo da psicopatologia forense, podemos considerar o autor do ato incestuoso como um indivíduo com uma perturbação da saúde mental que pode ser psicossocial (antissocial, dissocial, associal, amoral, imatura etc.) ou psicossexual (parafilias, como pedofilia), e nesses casos o indivíduo deverá ser considerado semi-imputável; ou como um indivíduo doente mental (quadros psicóticos orgânicos e outras psicoses), e nesse caso deverá ser considerado inimputável.

Quando o autor do ato incestuoso estiver relacionado com uma perturbação da saúde mental, devemos diagnosticá-lo segundo o *Manual de diagnóstico e estatística dos transtornos mentais* (DSM-III-R), elaborado pela Associação Psiquiátrica Americana, como possuidor de uma personalidade com padrões de comportamento desajustados e profundamente arraigados, que incluem o modo pelo qual alguém se relaciona, percebe e pensa sobre o seu meio e sobre si mesmo. Os traços de personalidade são aspectos proeminentes e não implicam patologia, enquanto os transtornos de personalidade pressupõem padrões rígidos e desadaptativos (DSM-III-R, 1987).

Nas perturbações da saúde mental, encontram-se os transtornos de personalidade, pois a personalidade do indivíduo será considerada amoral tanto em relação ao equilíbrio dos seus componentes e na sua qualidade de expressão, quanto em relação ao seu aspecto total. Em virtude desse desvio, o paciente sofre ou faz os outros sofrerem, ocorrendo como consequência um efeito adverso sobre o indivíduo ou sobre a sociedade (OMS, 1980).[5]

A personalidade se expressa por meio de esquemas de conduta, que podem ser observados nas manifestações externas dos interesses internos (impulsos). Podemos dizer que avaliamos a personalidade por meio da observação das forças de coesão do ego, e que ele é composto tanto de elementos afetivos quanto de elementos cognitivos.

Portanto, é possível afirmar que a personalidade do indivíduo é a resultante de uma série de características psicobiológicas, de sua história individual e da sua interação com as forças sociais.

Assim, quando o autor de um ato incestuoso for diagnosticado como um doente mental, devemos também diagnosticá-lo segundo o DSM e o CID, pois ambos são unânimes em reconhecer que não existe uma definição satisfatória do conceito de "transtorno mental", já que ele pode variar segundo a época e a região, ou seja, onde e quando foi definido. Entretanto, tanto o DSM-III quanto o CID apresentam uma série de estados que devem ser considerados transtornos mentais.

5 Em 2018, a OMS apresentou a nova Classificação Internacional de Doenças (CID 11); a nova Classificação dos Transtornos Mentais, do Comportamento e do Neurodesenvolvimento deve entrar em vigor em 2022. Ela codifica as síndromes caracterizadas por perturbações de cognição, regulação emocional ou comportamento de um indivíduo, podendo refletir uma disfunção nos processos psicológicos, biológicos ou de desenvolvimento subjacentes ao funcionamento comportamental. Esses distúrbios geralmente estão associados à angústia ou ao prejuízo nos âmbitos pessoal, familiar, social, educacional e ocupacional, ou em outras áreas importantes de funcionamento. O CID 11 irá influenciar no trabalho dos psiquiatras e dos profissionais da saúde, interferindo, também, nos códigos morais.

A grande vantagem em usar a classificação multiaxial do DSM em psicopatologia forense é que ela permite que sejam vistos diferentes aspectos da saúde mental do transgressor da lei.

A classificação pentaxial se refere a cinco eixos diagnósticos, que são:

Eixo I – Compreende as síndromes da clínica psiquiátrica;

Eixo II – Inclui os transtornos de personalidade e o retardo mental;

Eixo III – Permite a inclusão de perturbações orgânicas;

Eixo IV – Avalia os estressores psicossociais;

Eixo V – Indica o nível mais elevado do funcionamento adaptativo no período anterior ao diagnóstico.

Quando o Código Penal se refere à doença mental, é preciso traduzir esse conceito para o que a Classificação Internacional de Doenças (CID) qualifica como psicoses, ou seja, transtornos mentais em que o comprometimento das funções psíquicas atinge tal grau que interfere profundamente na compreensão, na capacidade de atender às exigências rotineiras da vida ou à manutenção de um contato adequado com a realidade. Apesar de essa definição ser fornecida pela Organização Mundial de Saúde, ela própria reconhece que esse não é um conceito exato ou bem definido, mas afirma que no âmbito das psicoses estão excluídas as oligofrenias, ainda que em ambos os casos devamos considerar o autor como inimputável (OMS, 1980).

Por outro lado, a vítima do ato incestuoso poderá sofrer consequências muito diferentes, que podem variar segundo a sua personalidade, a sua idade (física e mental), o grau de violência na consumação do ato, o grau de estruturação da família, ou, ainda, segundo sua capacidade de adaptação fora de casa.

No entanto, nos casos de incesto, é necessário fazer uma avaliação do estado mental de toda a família, pois, sendo o incesto uma violência contra a estrutura familiar, ela se encontra afetada como um todo, podendo ser de uma maneira ativa ou passiva. Outra avaliação que deve ser feita refere-se ao grau de parentesco das pessoas envolvidas na relação incestuosa, seja o parentesco natural (biológico), seja o cultural (social).

Para Lévi-Strauss, a estrutura elementar do parentesco consiste no conjunto sistemático das relações, e não somente das posições definidas pelos seus elementos. Portanto, o tabu do incesto, ou seja, a interdição fundamental para as relações de parentesco, estabelecendo a separação entre o parentesco natural e o parentesco cultural (conjunto de relações classificadas em proibidas e permitidas) (Berenstein, 1989).

Para Mauricio Abadi, o mito edípico está relacionado com o desejo de nascer, ou seja, o de se conhecer, pois seria um questionamento sobre a problemática da própria identidade.

O mito de Édipo é:

a) um mito das origens;

b) um mito do fim e do destino;

c) um mito da investigação e do conhecimento proibido;

d) um mito da esperança e do fracasso de uma possível ou falida liberdade, em relação aos desejos possessivos e egoístas dos pais (Yampey, 1981).

Por isso, quando ocorre o ato incestuoso, estamos impossibilitando sua vítima e a família como um todo de evoluírem psicologicamente, estruturando-se mentalmente, o que deve ser considerado muito mais grave do que qualquer consequência física que a violência de um ato incestuoso possa causar no indivíduo.

Freud teve a genialidade de transformar a tragédia de Édipo, descrita por Sófocles, no complexo de Édipo, universalizando, desse modo, o mito, que se refere então a um ser humano que nasce e se desenvolve, mas tem a difícil tarefa de lidar com o seu complexo de Édipo para ingressar no mundo da cultura.

6. Incesto e "ars"

O vocábulo "arte" vem do latim *ars*, e é um termo que tem vários significados:

a) Capacidade que tem o ser humano de pôr em prática uma ideia, valendo-se da faculdade de dominar a matéria (arte de usar o fogo);

b) Utilização de tal capacidade, tendo em vista um resultado que pode ser obtido por meios diferentes (a medicina é uma arte, a arte da caça, a arte militar, a arte de cozinhar);

c) Atividade que supõe a criação de sensações ou de estados de espírito, em geral de caráter estético, mas carregados de vivência íntima e profunda, podendo suscitar em outrem o desejo de prolongar ou renovar esse estado (arte popular, arte da poesia, arte religiosa, arte musical, uma obra de arte);

d) Capacidade criadora do artista que lhe permite expressar ou transmitir tais sensações ou sentimentos (a arte do Aleijadinho);

e) Restritivamente, artes plásticas (crítica de arte, mercado de arte, uma história da arte);

f) Conjunto das obras de arte de uma época, de um país, de uma escola (arte moderna, arte italiana);

g) Preceitos necessários à execução de qualquer arte (a arte da marinharia, a arte de falar corretamente uma língua);

h) Livro ou tratado que contém tais preceitos (a *Arte da fuga*, de Bach);

i) Capacidade natural ou adquirida de pôr em prática os meios necessários para obter um resultado (a arte de viver, a arte de ganhar dinheiro, escrever sem arte);

j) Dom, habilidade, jeito (a arte de comunicar-se);

k) Ofício, profissão (as artes manuais, especialmente);

l) Artifício, artimanha, engenho ("não sei que arte usou para convencê-la");

m) Maneira, modo, meio, forma ("de tal arte envolveu o chefe que logo se tornou seu secretário");

n) Propaganda, conjunto de atividades relacionadas com a apresentação gráfico-visual de anúncios; especialização de artistas;

o) Departamento de arte;

p) Brasileirismo – Traquinada, travessura (Ferreira, 1975).

Podemos considerar que todos esses significados do vocábulo "arte" não são totalmente independentes, pois estão contidos nos conceitos de "fazer" e "produzir" alguma coisa de acordo com certos métodos ou certos modelos. Dito de outra maneira, a arte é todo trabalho que tem um determinado fim, ou seja, o de permitir a simbolização de uma pulsão.

A criatividade artística, longe de ser uma atividade destinada apenas a gratificar certas formas de prazer, também acalma o sofrimento. O fato é particularmente surpreendente no caso da tragédia, sobre a qual Aristóteles baseou a sua famosa teoria da *kátharsis* (Jones, 1969).

Aristóteles faz uma discriminação entre os estados de alma capazes de lidar com a verdade, afirmando que eles podem alcançá-la pela afirmação ou pela negação. Ele os distingue em: arte, ciência, saber prático, filosofia e razão intuitiva. Ele diferenciou a ética da estética, entendendo a primeira como a filosofia dos costumes, diferenciando as virtudes éticas (justiça, amizade, valores) das virtudes dianoéticas (do pensamento, da razão, da inteligência); caracterizou a estética, por sua vez, como a filosofia das sensações (do belo, do bom e do perfeito).

Já para Kant o juízo estético é diferente dos demais valores, ele é um fim em si mesmo.

Para Goethe, a arte em sua origem foi figurativa (para a caça) muito antes de ser bela (estética), mas, apesar de tudo, foi uma arte autêntica e grande, frequentemente maior e mais autêntica que a própria arte do belo. Goethe deduz que o ser humano possui um temperamento figurativo que se manifesta enquanto tem a sua existência assegurada. No momento em que o ser humano não tem nada com o que se preocupar nem nada a temer, surge o semideus que, em seu ócio criador, procura materiais exteriores para plasmar neles seu espírito. Desse modo, o homem selvagem pinta com formas espantosas e rasgos estilizados suas árvores, seu sofrimento e seu corpo. Goethe conclui que não se deve desprezar essa pintura de formas tão arbitrárias, pois, apesar de suas semelhanças em sua origem figurativa antes de ser estética serem distantes, o seu conjunto coincide, porque uma atividade criadora produziu um todo característico (Goethe, 1997).

Freud, em "Moisés de Michelangelo" (1914), observa que as obras de arte são satisfações fantasiadas de desejos inconscientes do artista, que têm um caráter de compromisso para se esquivar dos constantes compromissos que os poderes da repressão exercem. No entanto, ao contrário dos sonhos e dos sintomas neuróticos, as obras de arte têm como finalidade atrair a participação de outros seres humanos, que possam se animar com elas e satisfazer as mesmas moções inconscientes dos seus desejos. Freud considerou que a criação artística é um discernimento no âmbito da fantasia, uma reserva natural instituída para a passagem, sentida dolorosamente, do princípio do prazer para o princípio da realidade, e que tem como finalidade promover um substituto à satisfação pulsional com o que se teve de resignar na vida real e positiva. O artista precisou retirar-se da insatisfação efetiva da fantasia para encontrar o caminho que o levasse à realidade fática (Freud, 1980d).

Já os filósofos tratam a questão da arte sob o vértice das "belas-artes" (pintura, escultura, poesia, arquitetura e música), ou seja, do ponto de vista da estética.

A filosofia da arte encontra-se entre a estética e a crítica da arte, pois trata-se de uma reflexão filosófica sobre a arte, e não sobre os objetos artísticos como tais.

A ciência da arte, por sua vez, preocupa-se com as regras (variáveis) que estão presentes na elaboração da obra de arte.

Cabe à psicologia da arte o estudo dos estados de consciência e dos fenômenos inconscientes que estão presentes na criação e na contemplação da obra artística. O crítico de arte, por sua vez, estuda as obras de arte com base nos princípios estabelecidos pela estética ou por uma determinada estética.

O *Diccionario de filosofia* (Mora, 1965) define arte como a criação de valores como o belo, o sublime, o cômico etc., além de ser uma forma de simbolização, sendo importante precisar como se entende essa simbolização e intentar ligá-la a certos processos emotivos. Essa conjugação de fatores nos permite perceber a grande riqueza de manifestações ligadas à obra de arte, tanto em relação à produção artística como ao prazer e às interpretações que ela proporciona. Uma outra questão é a relação entre intuição e expressão na obra de arte, e esta última refere-se à estrutura da obra de arte como objeto de um juízo estético (Mora, 1965).

Podemos dizer também que a produção de obras de arte é uma das mais importantes características da espécie humana, sendo provável que constitua a grande fronteira na diferenciação entre o ser humano e as outras espécies animais. Ao estudarmos as características ou a evolução do ser humano, encontramos sempre objetos de arte, e isso pode ser observado em todas as culturas e em todos os tempos.

Quem sabe possamos inclusive considerar a arte de manter o fogo aceso como uma das mais importantes realizações humanas.

A constatação de que certos temas relativos aos conflitos humanos são recorrentes, onde quer que se encontre o ser humano, ou onde prevaleçam determinadas condições culturais que demonstrem a luta contra os impulsos incestuosos, contra o crime e a agressão, tornou-se sempre uma rotina na literatura ocidental. A hipótese de que o vínculo de Leonardo da Vinci com sua mãe, da qual foi separado prematuramente, tenha feito com que o pintor colocasse sempre um sorriso nos retratos femininos parece compreensível aos que conhecem processos semelhantes que ocorreram em outras histórias de vidas humanas. O que é único em Leonardo é a maneira como ele transformou esse sentimento com a sua genialidade artística (Kris, 1968).

Em seu trabalho intitulado "Uma lembrança infantil de Leonardo da Vinci", Freud se empenha em demonstrar a relação entre os sonhos de um herói de novela e os sonhos de qualquer pessoa, mostrando que ambos podem ser interpretados da mesma maneira, pois os artistas criativos utilizam-se da associação livre como um campo para o pensamento criador (Freud, 1910/1996).

A socialização dos devaneios é o primeiro passo da "natureza da arte", porém é a procura da gratificação imediata que destrói o produto da inventiva (Freud, 1910/1996).

O artista não copia a natureza, nem a imita, mas a cria do novo. Ele não copia um modelo, ele projeta uma visão existente em sua mente. A obra de arte é uma tentativa que o artista faz de transformar a realidade, num nível simbólico.

Na produção artística, a elaboração pré-consciente não desempenha um papel menos importante do que no pensamento científico, pois os artistas também andam constantemente à procura de "problemas" (Platão a denominou "loucura criadora"), e a sua tarefa consiste em elaborar as soluções para os seus problemas. O núcleo do processo consiste no deslocamento das catexias dentro do sistema psíquico e na função do ego durante essas mudanças. Num primeiro momento, o ego afrouxa seu controle, ou seja, abre caminho para uma interação com o id, e num segundo momento o ego reafirma a sua posição para permitir a recriação (Kris, 1968).

Oscar Wilde, em *O retrato de Dorian Gray*, mostra o problema do conflito narcisista do artista quando afirma que

> *todo retrato que se pinta com sentimento é um retrato do artista, não do modelo. O modelo é simplesmente um acidente de ocasião. Não é o modelo que o pintor revela sobre a tela colorida, é o pintor que se revela a si mesmo. (Paschini, 1958, p. 143)*

A percepção da obra de arte, tanto por parte do artista quanto por parte do observador (Benedetto Croce a chama de "personalidade estética do artista"), vai desde a consciência até a elaboração pré-consciente e os reflexos do inconsciente.

Como reação diante do sublime, da "grandeza psíquica" (Freud), a tensão aumenta e a acumulação de energia psíquica é cada vez maior. A ampliação desses estados leva ao êxtase, que é um estado próximo à "loucura criadora" do artista (Paschini, 1958).

Otto Rank demonstra, em sua detalhada monografia *Das lnzest-Motiv in Dichtung und Sage*, que os temas da literatura universal, assim como o conteúdo dos contos de fadas, os jogos, os gracejos e muitos outros produtos da imaginação, são as incontáveis variantes de um número relativamente pequeno de motivos fundamentais. Entre eles, estão os diferentes aspectos da motivação do incesto, explicitados no complexo de Édipo e que ocupam uma posição inesperadamente destacada (Jones, 1969).

Vamos oferecer, a seguir, certos aspectos inerentes aos problemas incestuosos, ocorridos na vida de alguns artistas, mostrando de que maneira, em alguns casos, esse fato esteve presente em suas obras.

Wolfgang Amadeus Mozart, aos 25 anos, enamorou-se de sua irmã Aloysa; Mozart morreu aos 35 anos em razão de trabalho excessivo e desnutrição. Quando realizou sua última obra, a *Missa de Réquiem*, estava obcecado com a figura de seu pai.

As óperas de Richard Wagner estão repletas de perversões: os pais de Sigfrido são irmãos, Wotan está enamorado de sua filha Brunilda, e em *Tristão e Isolda* encontra-se velado o fato de que Isolda desempenha o papel de mãe de Tristão, assim como o rei Marcos é seu pai (Wittels, 1931).

Camille Paglia, em seu livro *Sexual personae* (1990), diz que o incesto é o ponto de partida de qualquer biografia ou tratado sobre a origem e a evolução do universo. Comenta ter encontrado traços desse tipo de incesto edípico em Edgar Allan Poe, Henry James e Tennessee Williams (Paglia, 1990).

No século XIV, Dante Alighieri canta o seu amor platônico, narcisista, por Beatrice Portinari, que só viu duas vezes e com quem nunca falou. Descobre-se que Beatrice é a imago da mãe de Dante, quando o recebe no Paraíso, como a Mãe Igreja (Wittels, 1931). Já em *A divina comédia,* Dante coloca a incestuosa Myrrha e Phaedra no Segundo Círculo do Inferno, um lugar reservado aos luxuriosos (Paglia, 1990).

Freud, em "As cinco conferências sobre psicanálise", quando discorre sobre o desenvolvimento sexual da criança, aponta o fato de que um de seus interrogantes fundamentais se localiza na resolução da questão nuclear que é o complexo de Édipo, e exemplifica dizendo que "o Hamlet de Shakespeare baseia-se no mesmo complexo incestuoso, mas está mais encoberto" (Freud, 1910/1996, p. 43).

Jean-Jacques Rousseau (1712-1778) se antecipa a Freud quando coloca a sexualidade das crianças como uma das questões dramáticas no seu desenvolvimento. Rousseau comentou com De Warens sobre sua iniciação sexual: "Eu me senti como se tivesse cometido um incesto". Ele chamava a sua primeira patrocinadora, Madame de Warens, de "mamãe" e ela o chamava de "minha criança" (Paglia,1990). Sua fixação materna é revelada em sua famosa novela *Júlia ou a nova Heloísa,* na qual uma afeição incestuosa mórbida é o que movimenta Júlia (Wittels, 1931, p. 96).

O Marquês de Sade coloca Eugenie como uma hermafrodita que foi sodomizada e que estuprou a mãe (Paglia, 1990). O conteúdo da obra de Sade, *La philosophie dans le boudoir,* que em 1805 foi intitulada *Os professores imorais*, trata da iniciação erótica de uma jovem virgem, iniciação que é acompanhada de uma celebração de ateísmo, do incesto, da blasfêmia e do crime (Chassegut-Smirgel, 1984).

No romance *Os sofrimentos do jovem Werther* (1774), Goethe coloca na personagem de Mignon a problemática do incesto, pois ela havia nascido do incesto entre irmãos. O incesto se tornou o paradigma da sexualidade do lirismo romântico (Paglia, 1990).

Goethe teve seu principal relacionamento sexual na infância, com sua irmã Cornélia. Em suas memórias, ele se refere à irmã como se fosse o seu gêmeo imaginário (o outro). Para esse autor, os andróginos representam uma forma condensada da qualidade incestuosa dos gêmeos. O relacionamento que ele teve com Cornélia pode ser comparado com o que Tennessee Williams teve com sua irmã Rose (Paglia, 1990).

Freud, em "Moisés e a religião monoteísta" (1939), quando explica a questão da tradição humana e fala sobre o problema do retorno do reprimido, cita o exemplo de Goethe, que menosprezou o pai, rígido e pedante, e quando se tornou ancião desenvolveu alguns traços de caráter que se assemelhavam aos dele. Freud também faz alusão ao poema que Goethe dedicou à sua irmã, no qual, para explicar o seu vínculo amoroso, diz: "Em tempos passados significastes minha irmã ou minha mulher" (Freud, 1980f, p. 122).

Eça de Queiroz, em seu romance *Os Maias*, descreve o amor incestuoso de Carlos por sua irmã, que não é mitigado nem renegado após o cruel descobrimento (Uchoa, 1943).

Fritz Wittels, em seu trabalho *Psicanálise e literatura* (1958), diz que já não é possível comover poeticamente as pessoas em nossa época com o simples e cruelmente consciente complexo de Édipo. O verdadeiro poeta nos apresenta o complexo de Édipo disfarçado ou encoberto, de uma maneira mais adequada para as repressões de nosso milênio. Para Wittels, *Hamlet* é a grande tragédia de Édipo do final do Renascimento (Jones et al., 1958).

O mito do rei Édipo, que mata seu pai e se torna marido de sua mãe, é uma revelação, muito pouco modificada, do desejo infantil, ao qual depois se contrapõe a barreira do incesto. *Hamlet* de Shakespeare, por sua vez, baseia-se no mesmo terreno do complexo incestuoso, no entanto está muito bem encoberto (Freud, 1969).

Sigmund Freud foi o primeiro dos oito filhos do casal Amalie e Jacob Freud. Era o preferido de sua mãe, e esse pode ter sido o motivo que o levou a estudar o complexo de Édipo em sua autoanálise. Freud casou-se com Martha Bernays, com quem teve seis filhos. Nove anos após seu casamento, sua cunhada Minna Bernays[1] foi viver com a família, e existem especulações acerca de um possível romance entre Sigmund e Minna. Outro vínculo muito especial foi o que o criador da psicanálise teve com sua filha Anna, a quem analisou de outubro de 1918 até a primavera de 1922, e, mesmo tendo passado por várias outras análises, Anna Freud nunca pôde constituir sua própria família.

Mas, mesmo depois de observar que alguns gênios das artes tiveram conflitos, devemos entender a arte como a manifestação simbólica de algum desejo. Visto que, para entrar no mundo simbólico (humano), é sempre necessário reprimir as pulsões edípicas, um artista não poderá expressar os seus sentimentos se não tiver vivido uma repressão das pulsões incestuosas, permitindo a sua sublimação por meio da arte.

A atividade artística oferece oportunidade para sublimar diversas classes de pulsões, e, como Kris muito bem explicou o

---

1 Os relacionamentos com sua cunhada Minna Bernays e com sua filha Anna Freud podem ser considerados relacionamentos incestuosos.

aspecto social da obra de arte, como um processo de descarga de energia, esta pode ser percebida como uma tendência instintiva que procura uma meta desaprovada socialmente, mas que o superego do indivíduo pode desviar para uma finalidade consentida. A desaprovação social, em relação à atuação dos desejos edípicos, exige que eles sejam sublimados e transformados, dando, assim, liberdade à produção artística.

Atualmente, existe uma certa indistinção entre a ética e a estética, muitas vezes com o belo sendo considerado ético, assim como existe essa mesma indiscriminação entre ética e moral.

Finalmente podemos pensar em uma outra função da arte, a arteterapia, que tem como objetivo refletir sobre a arte como instrumento de trabalho no campo específico da psicologia. Ela pode ser usada como ferramenta valiosa para a atuação do psicólogo nos mais diferentes contextos, vinculada ao seu compromisso ético de contribuir para que tenhamos o sujeito como autor da própria história; isso pode ser observado nas terapias com crianças por meio da ludoterapia, que transforma o aspecto lúdico do jogo em finalidade terapêutica.

O mito também pode ser considerado uma manifestação artística e geradora de arte. Os mitos são fonte de inspiração para as mais diversas manifestações artísticas.

7. Incesto e "mythos"

"Mito" é um substantivo masculino que provém do latim *humilis-Latinamythus*, derivado do grego *mythos* (palavra expressa, discurso, fábula). Os mitos são narrativas, geralmente de origem popular, sobre seres que encarnam simbolicamente as forças da natureza, aspectos da condição humana; fábula, representação idealizada de um estado da humanidade em passado remoto ou em futuro fictício (Cunha, 1982).

O vocábulo mito também pode significar algo extraordinário, sem base na realidade; o mito não é uma realidade independente, mas evolui com as condições históricas e étnicas relacionadas a dada cultura, que procura explicar e demonstrar, por meio da ação e do modo de ser das personagens, a origem das coisas.

Dupré introduziu em 1905 o termo "mitomania"[1] para designar a tendência que certas pessoas têm de falsear a verdade, de

---

1 O mitômano se caracteriza por contar histórias que não são inteiramente improváveis, mas que contêm referências à realidade. São aventuras imaginárias que se manifestam em várias circunstâncias e de uma maneira crônica. O tema

mentir, de forjar fábulas imaginárias e de simular estados orgânicos anormais (Cunha, 1982).

Frequentemente, os cerimoniais religiosos são preservados e relatados por meio de mitos. Em algumas regiões da Polinésia, a mitologia está tão elaborada (sinopse da visão de universo), que a expressão dos mitos, não raras vezes, é em si mesma uma atividade religiosa (Beals & Hoijer, 1974).

Geralmente, os mitos se referem às origens: à criação do Universo nos seus vários aspectos; às importantes conquistas culturais, como o fogo; aos principais animais e plantas de importância na alimentação; à criação, à morte e às doenças; ao nascimento da própria sociedade e de seus clãs ou outros setores sociais; e à ascendência dos rituais (Beals & Hoijer, 1974).

Portanto, podemos classificar os mitos em duas categorias: mitos cosmogônicos e mitos de origem. Os primeiros estão relacionados a eventos que explicam o surgimento do universo, enquanto os mitos de origem explicam o surgimento de um local ou de uma tradição.

A mitologia hindu é provavelmente uma das mais antigas mitologias do mundo. Seus primeiros mitos nasceram numa região conhecida como Vale do Indo (no atual Paquistão). O panteão hindu constitui uma tentativa formidável de criar máscaras pelas quais o ser humano tenta falar dos seus sonhos e medos.

As divindades primitivas eram hermafroditas, como o deus egípcio Mut, e quase sempre o incesto era a única maneira possível de procriar e manter o poder, pois os grupos eram pequenos. O mito grego de Hera como esposa de Zeus também mostra uma relação incestuosa, pois eles eram irmãos (Paglia, 1990). Por outro

---

das aventuras é variado, mas o mentiroso acaba sempre se pintando como herói, embora as histórias não sejam usadas para obter vantagem ou recompensa.

lado, Zeus se disfarça de serpente e viola a sua mãe Rea, sem contemplações éticas, morais, jurídicas ou sociais.

Para entender a mitologia grega, deve-se buscar uma compreensão do sistema matriarcal (a deusa-mãe)[2] e totêmico que prevaleceu na Europa antes das invasões ocorridas no período Neolítico, provenientes do norte e do leste e que possuíam um sistema patriarcal (o deus-pai). A grande deusa era imortal, imutável, onipotente; e, como no pensamento religioso ainda não se havia introduzido a noção de paternidade, ela tinha amantes por prazer e não para proporcionar um pai a seus filhos; os homens temiam, adoravam e obedeciam à matriarca; seu principal mistério era a maternidade, e o lugar onde ela atendia era o seu primitivo centro social; seus símbolos celestiais eram a Lua e o Sol (Graves, 1967).

Quando se admitiu oficialmente a pertinência do coito para a procriação, a posição religiosa do homem foi melhorando pouco a pouco e já não se atribuía aos ventos ou aos rios a prenhez das mulheres. A ninfa ou a rainha tribal escolhia um amante anualmente, entre os homens jovens que a rodeavam, o qual era sacrificado no meio do inverno, tornando-se um símbolo da fertilidade (Graves, 1967).

Em certo momento, ocorreu uma mudança social em relação à posição masculina, quando o homem pôde ser valorizado; essa mudança foi observada, na prática, quando o rei morria como o pôr do sol (com o qual ele se identificava), e isso ocorria com o declínio do verão. Nesse momento, outro jovem, seu gêmeo, ou suposto gêmeo, se convertia no amante da rainha. Dessa maneira

---

2 A ideia de matriarcado permite pensar nas mulheres como mães no sentido biológico e como mães no sentido cultural, na qualidade de criadoras do início, do começo. Por sua virtude de dar à luz, de fazer nascer, as mulheres são detentoras de um poder superior ao poder de dominação, característico do patriarcado, que é o poder da criação.

começou a monarquia sagrada, e o Sol se converteu no símbolo da fertilidade masculina. Durante muito tempo, refletido em muitos mitos, o rei sagrado manteve a sua posição exclusivamente pelo direito de contrair matrimônio com a ninfa tribal (Graves, 1967). O trono continuou sendo matrilinear, como o era teoricamente até mesmo no Egito, e o rei era sempre escolhido fora da casa real feminina.

Em algum momento, um rei mais ousado decidiu pôr fim a esse sistema matrilinear e cometeu incesto com a sua herdeira, conseguindo dessa maneira um novo direito ao trono quando seu reinado precisou ser renovado (Graves, 1967).

Isso tudo pode ser observado na invasão dos dórios (séculos XII e XI a.C.), quando a realeza patrilinear se converteu em norma, e convencionou-se adotar o sistema familiar olímpico (seis deuses e seis deusas) como uma transição entre os pontos de vista helênico e pré-helênico. Esse sistema olímpico era encabeçado pelos soberanos Zeus e Hera, que formavam um conselho de deuses no estilo da Babilônia (Graves, 1967).

A instituição do patriarcado põe fim ao período do verdadeiro mito, dando início então às lendas históricas, que se desvanecem com o surgimento da história comum (Graves, 1967).

O estudo dos mitos tem uma função fundamental no início e no desenvolvimento da teoria psicanalítica. Freud colocou a pedra angular da psicanálise no mito, que está fundamentado no mito de Édipo (parricídio e incesto), mas, no desenvolvimento da teoria psicanalítica, foram utilizados outros mitos para explicar certos comportamentos humanos.

Por exemplo, no texto "Moisés e a religião monoteísta", Freud esclarece, definitivamente, que para a psicanálise a clínica se orienta a partir da verdade do sujeito, e não de uma verdade que viria de outros parâmetros, como os da ciência. A verdade histórica, como trabalhada nesse texto, é produto do método psicanalítico e está presente tanto na neurose quanto na psicose.

Jung denominou complexo de Fedra o amor incestuoso de uma mãe por seu filho, ainda que Eurípides desloque esse amor de Hipólito, que é seu filho, para o filho adotivo de Fedra. *Medeia* centra-se na vontade de vingança de uma esposa contra o marido infiel. Atualmente, essa síndrome é denominada síndrome da alienação parental (SAP) e se refere a um conjunto de sintomas manifestos pela criança durante e após o processo de separação de seus pais. A SAP demonstra o sofrimento da família e os golpes psíquicos sofridos pela criança quando enredada nos sentimentos de vingança, ódio e rejeição. A criança é desrespeitada e usada como instrumento para punir e provocar dor no genitor alienado. Como no mito de Medeia, no qual a mãe mata seus filhos, na alienação parental o alienador os sufoca e aniquila neles a capacidade de perceber, sentir e julgar livremente. Assim, a criança torna-se uma extensão do alienador, impedida de pensar, discriminar e escolher por si mesma.

De Sófocles (495-406 a.C.), apenas as tragédias de Electra e de Édipo parecem haver despertado o interesse da psicanálise. Em Electra, podemos observar o desejo que a filha tem de compartilhar a sua vida com a de seu pai, e o ódio pela mãe. Para essa situação, Freud preferiu utilizar o termo complexo de Édipo feminino, em vez de complexo de Electra (Wittels, 1931).

Robert Graves, nos seus livros *Os mitos gregos* (1967), tenta reunir os elementos principais de cada mito, apoiando-se em variantes pouco conhecidas que podem ajudar a determinar seu significado e a responder algumas perguntas que surgem; uma vez que no mito edípico encontramos um elo entre incesto, sexualidade e mitologia, vamos fazer um breve resumo do que o autor expõe acerca do mito de Édipo.

Laio, filho de Lábdaco, casou-se com Jocasta e governou Tebas. Aflito por não ter filhos, consultou secretamente o oráculo de Delfos, que lhe informou ser essa aparente desgraça um benefício, pois qualquer filho dele e Jocasta se tornaria seu assassino. Como consequência, Laio repudiou Jocasta sem lhe dar nenhuma razão para a sua decisão, o que a ofendeu de tal modo que, depois de fingir ter-se embebedado, seduziu-o e o fez cair em seus braços, assim que a noite chegou. Após nove meses, Jocasta deu à luz um menino, e Laio o arrancou das mãos da ama de leite, perfurou-lhe os pés com um prego, amarrou-os juntos e o deixou abandonado no monte Citéron.

Como as Parcas (divindades que governam o destino, Cloto, Láquesis e Átropos) decidiram que esse menino deveria chegar até a velhice, fizeram com que um pastor de Corinto o encontrasse, chamando-o de Édipo ("pés inchados"), pois seus pés estavam deformados pelas feridas provocadas pelo prego. Esse pastor o levou a Corinto, que era governada pelo rei Políbo, presenteando-o com seu achado.

Há uma versão na qual Laio não abandonou Édipo na montanha, mas, sim, o encerrou numa arca, que foi atirada ao mar. A arca flutuou até a costa de Sicion, onde Peribea, esposa de Políbo, recolheu e simulou ter dado à luz aquele menino. Ela contou a verdade a Políbo e decidiram criar Édipo como seu próprio filho.

Um dia, Édipo, tendo ido perguntar ao oráculo de Delfos o que o futuro lhe reservava, foi surpreendido pela resposta da pitonisa, que gritou: "Matarás teu pai e te casarás com tua mãe".

É interessante notar que as duas versões são diferentes quanto à trajetória de Édipo até Corinto, mas são iguais em relação às previsões do oráculo. Acredito que isso se deva ao fato de que na fala do oráculo estão colocados os desejos humanos, que podem ser percebidos pelos sábios, ao passo que as origens do homem continuam ainda ignoradas, pois são de conhecimento exclusivo dos deuses, e, portanto, devem ser mitificadas, podendo-se falar delas de diferentes maneiras.

É possível que *Oedipus,* "pés inchados", fosse originariamente *Oedipais,* "filho do mar agitado", e que a perfuração de seus pés pertença ao final, e não ao começo da fábula (Graves, 1967).

Para Graves, parece bastante provável que Édipo tenha tentado substituir as leis de sucessão matrilineares pelas patrilineares, e, por esse motivo, teria sido desterrado pelos seus súditos (Graves, 1967).

Outros exemplos, equivalentes ao do mito de Édipo, foram estudados por Propp, que faz um confronto do folclore com a realidade histórica, por meio do estudo de "André de Creta", de "Gregório" e de "Albano" (Propp, 1980).

André de Creta é a personagem de uma história conhecida pelos russos, ucranianos, bielo-russos e sérvios. Sua narrativa começa com uma profecia. O protagonista é atirado ao mar, mas é salvo e educado em um mosteiro por pescadores, e, quando vem a saber que fora rejeitado pelos pais, abandona seus tutores. Vai trabalhar como guarda do jardim de uma casa, cujos proprietários são seus próprios pais; ali vem a matar seu pai e a se casar com a viúva. Quando conhece a verdade, como penitência vai para dentro da terra, sepultando-se num poço. Atualmente, é considerado um santo, com a alcunha de André de Creta.

A personagem de Gregório é conhecida pelos católicos da Polônia, entre os tchecos e em tradução manuscrita entre os russos. Gregório é filho de um matrimônio incestuoso entre irmãos. Depois do seu nascimento, é afastado dos pais; seu pai vai até Jerusalém orar pelos próprios pecados e lá acaba morrendo. Quando Gregório fica sabendo de sua origem, vai à procura de seus progenitores e, durante a sua peregrinação, desposa uma rainha, mas, quando tem conhecimento de que ela é a sua verdadeira mãe, fecha-se numa caverna em uma ilha. Encontram-no e ele vem a se tornar papa, e a glória de sua santidade enche o mundo de satisfação.

O outro exemplo encontra-se nas *Mil e uma noites* e é a personagem Albano, filho de um casamento incestuoso entre pai e filha. Ele é abandonado pelos pais e criado como filho pelo rei dos mendigos, que lhe dá por mulher a filha do rei vizinho que morre. A filha do rei vizinho nada mais é do que sua mãe. Como Albano é filho do matrimônio incestuoso pai-filha, a sua mulher é ao mesmo tempo sua mãe e sua irmã, ao passo que seu pai é simultaneamente seu avô, por ser pai de sua mãe.

Podemos observar que em todas essas lendas, André de Creta, Gregório e Albano, sempre existe a morte do pai e, posteriormente, um matrimônio incestuoso com a mãe, sendo essas narrativas semelhantes à de Édipo.

La Porta, em seus estudos psicanalíticos dos rituais afro-brasileiros, descreve Iemanjá, que desposou seu irmão Aganju, com quem teve um filho Orungã. Este se apaixonou pela mãe e começou a persegui-la, até que um dia, aproveitando-se da ausência paterna, a violentou. Iemanjá pôs-se a correr, perseguida por seu filho Orungã, que lhe propunha viverem juntos. Ao alcançá-la, Iemanjá cai ao chão de costas e seu corpo começa a dilatar-se, até que de seus seios começam a jorrar duas correntes de água, que vão formar um grande lago, e de seu ventre saem os seguintes deuses: Dadá, Xangô, Ogum, Olokum, Oxalá, Oyé, Oxum, Obá, Orixá Okô, Oxóssi, Okê, Ojê Xaluga, Xapanã, Orum, Oxu.

Assim, La Porta conclui que Orungã é o Édipo africano, na mitologia iorubana, e as maiores diferenças entre esses mitos se devem ao fato de que no mito africano tudo é consciente, ocorrendo incesto e matricídio em vez de incesto e parricídio (La Porta, 1979).

Como disse Schwimmer, os mitos não somente descrevem os sentimentos, eles também os explicam, não como um modelo formal matemático, mas como manifestações inteligentes, resultantes de observações e experiências que fazem parte de um padrão universal. Os mitos dão coerência à vida, explicando as forças incontroláveis da natureza. Em *Três ensaios sobre a teoria da sexualidade* (1905), Freud escreve sobre a barreira do incesto:

> *O complexo de Édipo é o complexo nuclear da neurose, a peça fundamental de seu conteúdo. A sexualidade infantil culmina nele, que, pelas suas consequências, influenciará decisivamente na sexualidade do adulto. Todo ser humano que nasce se defronta com a tarefa de não atuar os desejos edípicos, e aquele que não conseguir resolvê-lo cai na neurose. (Freud, 1980j, p. 206)*

Os desejos edípicos são vivenciados de maneira inteiramente peculiar por cada ser humano, mas são também um fenômeno determinado pela herança familiar que assim o dispõe, devendo declinar de acordo com seu processo evolutivo. O complexo de Édipo é sepultado pela repressão, permitindo ao indivíduo entrar no período de latência (Freud, 1980b).

Para Freud, os dois preceitos fundamentais da humanização, que permitem a passagem do princípio do prazer para o princípio da realidade, são a proibição do incesto e a proibição do assassinato do pai.

A aceitação desses tabus deve ser considerada um princípio ordenador básico para que o ser humano possa entrar no mundo simbólico, no qual as experiências sensoriais são utilizadas para expressar as experiências íntimas, e o mundo das coisas se converte num símbolo do mundo do espírito. A linguagem simbólica é o único idioma comum a toda a espécie humana: compartilhamos certas experiências básicas que somos capazes de expressar, por exemplo, em uma linguagem pictórica ou mímica, que não é privilégio de nenhuma cultura ou idioma particular.

O mito é a narrativa de uma realidade inobservável pelos órgãos dos sentidos, mas cuja realidade se torna observável pelos sentimentos.

Os mitos, como uma produção humana, representam os desejos conscientes e inconscientes, mas, como têm também a capacidade de englobar o conhecimento humano, nos mostram as consequências de realizar tais desejos.

Sófocles coloca na pitonisa do oráculo de Delfos o conhecimento mais profundo dos instintos humanos, pois ela profetiza que Édipo matará o seu pai e se casará com a sua mãe. Coloca também, no enigma da Esfinge, o conflito humano referente à curiosidade, que por um lado quer saber a verdade, mas por outro teme conhecê-la.

Portanto, em *Oedipus Rex*, estão descritas de maneira trágica algumas das pulsões humanas que, quando reprimidas, permitem a estruturação da família humana, ou seja, tal repressão possibilita um novo tipo de estruturação social.

W. R. Bion entende o uso que a psicanálise faz dos mitos para explicar a natureza dos vínculos de amor e de ódio, assim como os do conhecimento. O mito de Édipo pode ser considerado um instrumento do qual se serviu Freud na sua descoberta da psicanálise, e a psicanálise foi como um instrumento que tornou possível a Freud a descoberta do complexo de Édipo (Bion, 1994).

Para Bion, o mito de Édipo representa o triunfo da curiosidade sobre a intimidação, podendo, portanto, representar a integridade científica, ou seja, a essência da investigação. Mesmo que o conhecimento possa levar a inúmeros desastres, como a peste que assolou o povo de Tebas, o assassinato do rei, os suicídios da Esfinge e de Jocasta, o enceguecimento e o exílio de Édipo. O mito tem função religiosa e ao mesmo tempo poética. As duas se combinam para permitir o acesso do ser humano ao divino e ao conhecimento de si mesmo e do outro para poder refletir e se contemplar.

A verdade histórica do assassinato do pai sempre retorna tanto em Moisés quanto em Cristo; o fato da verdade recalcada leva Freud a afinar seu conceito de verdade histórica, o que permite associar a verdade histórica com o sintoma.

Esses mesmos desejos humanos são observáveis nos mitos de Albano, em *As mil e uma noites*, em Orunga e Iemanjá, no Édipo africano e em Gregório para os católicos da Polônia.

A forma poética não é alheia à carga ética que a veicula. O mito atua eticamente sobre a existência humana pela sua força poética. O mito torna possível o humano, e o faz poeticamente. Contemplar formas belas é belo e bom para a vida.

8. Incesto e "religio"

A palavra "religião" tem algumas interpretações etimológicas. A primeira diz que "religião" procede do latim *religio,* por sua vez relacionada com *religatio*, que é a substantivação de *religare* (religar, vincular, atar, unir), ou seja, é próprio da religião a subordinação à divindade e a conexão com ela, ser religioso é estar ligado a Deus. A segunda está apoiada na interpretação feita por Cícero,[1] que diz ser o termo determinante *religiosus* e que significa o contrário de *negligens,* o que equivale a dizer que ser religioso é ser escrupuloso, ou seja, ser escrupuloso no cumprimento dos deveres impostos ao cidadão no culto aos deuses da Cidade-Estado. Enquanto na primeira interpretação está acentuada a dependência do homem em relação à divindade, na segunda interpretação estão acentuados os motivos ético-jurídicos (Mora, 1965).

---

1 Marco Túlio Cicero, imperador romano (106-46 a.C.), introduziu as principais escolas da filosofia grega e criou um vocabulário filosófico latino (inclusive com neologismos como *evidentia*, *humanitas*, *qualitas*, *quantitas* e *essentia*), destacando-se como tradutor e filósofo.

Para os antropólogos, a religião é considerada uma resposta à necessidade de uma concepção organizada do Universo e da posse de um mecanismo destinado a acalmar as ansiedades, criadas pela incapacidade do homem para predizer e compreender os acontecimentos que parecem não corresponder às leis naturais. Todos os povos criaram alguma solução, e, mesmo que algumas vezes bastante imperfeita, ela pode trazer problemas, e, ainda que as soluções variem quase infinitamente em seus pormenores, existem muitos conceitos gerais, como o de um poder sobrenatural relacionado de alguma maneira com o homem, que está mais ou menos sujeito à sua influência e ao seu controle (Beals & Hoijer, 1974).

Todos os paraísos (do latim, *paradisus,* derivado do grego *parádeisos*, originário do persa *pairidaeza*) do período Neolítico e da Idade do Bronze são pomares de maçãs; a palavra "paraíso" significa "pomar" (Graves, 1967).

A psicanálise oferece algumas teorias sobre a gênese das religiões e a sua relação com o inconsciente. Ernest Jones faz uma síntese das principais ideias psicanalíticas sobre a religião, e conclui que a formulação teológica de que Deus é o nosso pai parece justificar-se do ponto de vista psicológico, pois a atitude tanto do ateu quanto do devoto a Deus remonta, da mesma maneira, às primeiras reações do menino diante do pai terreno (ou do substituto pai ideal, quando falta o real). Em alguma etapa do desenvolvimento da criança, ela atribui ao pai as qualidades de onipotência, onisciência e perfeição moral, e esses atributos podem ser originados por necessidades internas ou externas. Os mecanismos de repressão relacionados com a ideia de pai permitem que sejam abstraídos seus atributos de perfeição para incorporá-los a uma figura intangível (Jones, 1969).

Por outro lado, a ideia do culto à Trindade, que aparece em quase todas as religiões do mundo e é quase sempre formada pelas figuras primordiais do Pai, da Mãe (na religião cristã, foi substituída parcialmente pelo Espírito Santo) e do Filho, está relacionada com conflitos inconscientes, referidos aos membros da família humana edípica, tão bem descritos por Sófocles.

A religião se fundamenta na fé (crença) e na ideia do pecado (em razão do sentimento de culpa decorrente da desobediência a uma norma).

O elevado sentido do valor espiritual que se adere ao sentimento e à crença religiosa (existência de vida ultraterrena, a salvação e o Céu) deve-se, em grande parte, à sua capacidade de satisfazer simultaneamente os maiores desejos da mente humana e oferecer certo conforto à tensão moral consciente (Jones, 1969).

Quanto ao pecado, ele pode expressar-se em termos de desobediência ao Pai (ou rebelião contra Ele), ou como profanação à Mãe (de seus atributos ou substitutos); esses são os componentes do complexo de Édipo na infância (Jones, 1969).

Jones observa que o problema da culpa deve ser investigado minuciosamente em cada análise individual, pois pode-se formular uma diferença entre a culpa infantil e o seu desenvolvimento normal na consciência adulta, na qual estão incorporadas todas as nossas normas morais e éticas; pode-se falar também de uma consciência estética e científica. Essa consciência normal é a herdeira do complexo de Édipo da infância. A religião revela o superego ou o ideal do ego do indivíduo.

A gratificação que os gregos obtinham em sua identificação com os deuses e o fato de conseguirem projetar neles os seus desejos reprimidos são obtidos nas religiões modernas por meio de diversas relações objetais com os seres divinos (Jones, 1969).

Freud chamou a atenção para a semelhança existente entre os rituais religiosos e os cerimoniais (compulsivos) que têm os neuróticos obsessivos. Em ambos pode-se observar que existe um temor e tem-se um remorso de consciência pelos atos omitidos.

Para Freud, a neurose obsessiva poderia ser considerada uma religião individual (natureza individualista) e a religião poderia ser considerada uma neurose obsessiva universal (caráter socializador), pois ambas dependem de renúncias no campo das pulsões sexuais e egoicas (Jones, 1969).

Tanto a religião como a neurose obsessiva baseiam-se na fé, como uma crença em algo superior e poderoso, e uma convicção de que o bem e o mal estão separados: na religião Deus e o Diabo, na neurose obsessiva coisas proibidas e coisas permitidas.

A religião tem um papel fundamental na organização da capacidade de sublimação da humanidade. A psicanálise, por sua vez, utiliza a noção de sublimação para designar as atividades humanas que, aparentemente, não estão relacionadas à sexualidade, mas cuja gênese só é possível a partir da pulsão sexual. Nesse sentido, a sublimação estaria referida a uma mudança nos objetivos dessa pulsão, que abandonaria seus objetos originais, de ordem sexual, para se ligar a outras metas, estas não sexuais e socialmente valorizadas (Laplanche & Pontalis, 1968). Ernest Jones diz que qualquer religião deve ter pelo menos:

a) a noção de um outro mundo, a relação com o sobrenatural (a consciência da nossa relação prática com uma ordem espiritual invisível);

b) o esforço para resolver os problemas que acompanham a morte, tanto do ponto de vista emocional quanto intelectual;

c) o conhecimento e a preservação dos valores, especialmente daqueles que são sentidos como mais elevados e permanentes;

d) uma associação constante com os ideais éticos e morais (nos povos civilizados, esses ideais são encontrados independentes da religião);

e) um sentimento de inadequação na luta contra as dificuldades da vida, internas ou externas, como a convicção do pecado e da culpa (Jones et al., 1958).

Jones conclui pela identidade entre Deus e o pai (em linguagem teológica, o representante de Deus na terra: *Papst*, *Père*, *Padre* etc.). Os seus atributos podem variar segundo a época e o povo. Na religião de Confúcio, por exemplo, predomina a dignidade; na Índia e em outras partes do Oriente, o culto fálico (sentimentos de respeito, temor e admiração pelo pai); nas religiões de Jeová dos hebreus e de Cristo prevalecem os atributos morais, as virtudes do amor, a castidade e a justiça. Já os gregos atribuíam aos seus deuses os delitos mais extraordinários (Jones et al., 1958).Todas as religiões, em seus livros sagrados, proíbem o incesto, porém ele é permitido às divindades.

No Antigo Testamento, podemos ler: "Nenhum de vós se aproximará de sua parenta próxima para descobrir a sua nudez", e em seguida as doze proibições explícitas.

1. a mãe;
2. a esposa de seu pai (nos casos em que ela não for sua própria mãe);
3. a irmã;
4. a neta;
5. a filha da esposa de seu pai (nos casos em que ela for a sua meia-irmã);
6. a irmã de seu pai;

7. a irmã de sua mãe;
8. a esposa do irmão de seu pai;
9. a nora;
10. a esposa de seu irmão;
11. qualquer mulher e sua filha ou neta;
12. casar-se com duas irmãs (Levítico, 18, 6-18).

A Bíblia, porém, não explicita qual o castigo em caso de desobediência, se o transgressor deve ser amaldiçoado ou sacrificado. Portanto, gera culpa e um temor muito maior, pois o indivíduo transgressor nunca saberá qual será o castigo que deverá receber.

Tom Horner, em seu livro *O sexo na Bíblia,* levanta algumas questões a respeito do incesto na Bíblia. No Gênesis, por exemplo, ela não esclarece em momento algum se Caim teve esposa; é de presumir que Adão e Eva tiveram uma filha sem nome, irmã de Caim, e que se tornou a sua esposa, então deviam existir outras pessoas por ali (Horner, 1989).

Depois do Grande Dilúvio, toda a família humana, segundo a Bíblia, começou tudo de novo com três casais – os filhos de Noé e suas esposas (Horner, 1989).

Jacó casou-se com duas irmãs, Lia e Raquel, e, contrariando a lei, casou-se com a segunda enquanto a primeira ainda estava viva. Sua descendência formou oito das doze tribos de Israel. Lot, sobrinho de Abraão, após ser embriagado pelas filhas, as engravidou; a mais velha gerou Moab (pai dos moabitas de hoje) e a caçula deu à luz Ben-Ami (pai dos Benê-Amon de hoje) (Horner, 1989).

As Sagradas Escrituras lembram o relacionamento incestuoso de Ammon, filho de Davi, com Tamar, irmã de Absalomão. São João Batista foi aprisionado por ter criticado Herodes Antipas, que tinha, contra a lei, tomado como esposa a mulher de seu irmão Filippo (Paschini, 1958).

O Prof. Dr. Russell N. Champlin nos complementa essa lista de incestos bíblicos, incluindo os de Abraão, pai dos hebreus, que se casou com sua meia-irmã; Naor, o irmão de Abraão, casou-se com uma sobrinha; o pai de Moisés casou-se com uma tia; Tamar, nora de Juda, fazendo-se passar por uma prostituta, fê-lo cometer um ato incestuoso para forçá-lo a obedecer a lei do levirato; e Ruben estuprou Bila, esposa concubina de Jacó, seu pai.

A Bíblia não faz, surpreendentemente, restrições aos casamentos entre primos. Verificou-se que nos países que aceitaram a reforma da Igreja, a partir do século XVI, a frequência de casamentos entre primos em primeiro grau aumentou rapidamente (Beiguelman, 1977).

Para o cristianismo, o Conselho do século IV sancionava penas gravíssimas para os incestuosos. O Conselho Lateranense IV de 1215 ratificou as proibições para o terceiro e segundo graus de afinidade e restringiu a consanguinidade ao quarto grau em razão da dificuldade de observação em graus mais distantes.

O incesto foi punido severamente por São Paulo e pelos conselhos com excomunhão perpétua ou temporal, penas corporais, proibição de contrair novo matrimônio e penitências por muitos anos (Beiguelman, 1977).

O movimento luterano aboliu as leis canônicas, e a proibição dos casamentos entre consanguíneos passou a ser feita de acordo com o Levítico (18, 6-18). Assim, as proibições de casamentos passaram a ser ditadas contra alguns consanguíneos (pai-filha; tio(a)-sobrinha(o); irmão-irmã; meio-irmão-meia-irmã; e avô-neta) e contra alguns não consanguíneos com afinidade próxima (filho-madrasta; sobrinho-esposa do tio; sogro-nora; e entre cunhados).

Existem indicações de que entre povos anteriores e contemporâneos aos hebreus não existiam restrições aos casamentos consanguíneos muito próximos. Os casamentos incestuosos não eram privilégio das famílias reais, mas, sim, um tipo de união bastante generalizada naquela época (Beiguelman, 1977).

Os mórmons permitiram os casamentos incestuosos, sob alegação de que Adão e Eva eram irmãos, afirmando que o tabu do incesto foi inaugurado pelos israelitas durante o êxodo do Egito, mas que não era a sua intenção preservá-lo depois que chegassem à Terra Prometida (Ferracuti, M. G., 1988).

A Bíblia proíbe as relações sexuais entre os parentes próximos, por exemplo com os filhos, os sobrinhos, os cunhados e as noras. O Alcorão proíbe o casamento com a mãe, as filhas, as cunhadas, as sobrinhas, a sogra, as noras e as irmãs adotivas (Ferracuti, M. G., 1988).

A Lei Mosaica se referia ao casamento consanguíneo da seguinte maneira: "Guardai as minhas leis e os meus mandamentos, e não cometais nenhuma dessas abominações, tanto os naturais quanto os estrangeiros entre vós. Porque todas essas execrações cometeram os que foram, antes de vós, habitantes desta terra, e a contaminaram" (Levítico 18, 26-27).

Devemos relembrar aqui o quarto mandamento da Bíblia, "honrar pai e mãe", ao qual poderíamos acrescentar "honrar os filhos", pois vemos que a Bíblia faz com que os filhos sintam-se culpados de seus atos em relação aos pais, mas não se preocupa em normatizar as atitudes dos pais para com os seus descendentes.

A religião se fundamenta na fé[2] e na ideia de pecado (desobediência e sentimento de culpa), e o elevado valor espiritual deve-se,

2 Fé e crença não são a mesma coisa. Pode haver fé sem crença, todavia não pode haver crença sem fé. Assim, a palavra fé pode ser entendida como acreditar,

em grande parte, à capacidade que a religião tem de satisfazer simultaneamente os maiores desejos da mente humana e oferecer certo alívio às tensões inconscientes (uma tentativa de resolução dos conflitos humanos).

Para Jones, o pecado pode ser considerado um equivalente simbólico da desobediência ao pai (uma revolta contra a lei) ou uma profanação da mãe (dos seus atributos ou substitutos), mas estes nada mais são do que os desejos edípicos que podem ser observados em qualquer criança.

Quando a Bíblia coloca no quarto mandamento "honrar pai e mãe" e no oitavo mandamento "não desejar a mulher do próximo", podemos observar que está explicitando os tabus edípicos.

Assim, pode-se considerar que as religiões proporcionaram à sociedade os primeiros códigos de moral da humanidade. Eles também relatam a gênese dos desejos humanos e a descrevem como tendo uma origem incestuosa; porém, para as religiões, é de vital importância para a evolução do ser humano a proibição do incesto.

A finalidade dos códigos morais é reger a conduta dos membros de uma comunidade de acordo com princípios de conveniência geral, para garantir a integridade do grupo e o bem-estar dos indivíduos que o constituem.

---

confiar, enquanto crença é um paradigma que se baseia na fé, já que não existe demonstração absoluta, fundamento racional ou justificação empírica que a comprove. Por isso, a crença está associada à religião, à doutrina ou ao dogma. A crença é a ideia que se considera verdadeira e à qual se dá todo o crédito, já a fé é uma convicção intensa e persistente em algo abstrato.

9. Incesto e "lex"

Entende-se por Lei, do latim *lex*, uma ou mais normas que têm por finalidade ordenar um conjunto (sujeitos ou objetos), tornadas obrigatórias por uma autoridade (Deus, juiz, superego, natureza ou axioma). Essa imposição pode ser de ordem natural, ética, moral, jurídica ou científica, ou ainda qualquer arranjo entre elas. O fundamento da lei é encontrado na vontade de Deus (seja a pura vontade "arbitrária" ou "racional"), na vontade do legislador, no consenso (geral ou majoritário) de uma sociedade, nas exigências da razão (razão que se supõe eterna e idêntica em todos os homens), ou nas leis científicas, como a lei da gravidade, que são hipóteses sobre quais são as leis naturais que vigem no mundo.

O ser humano, quando tenta ordenar qualquer assunto, enuncia leis ou princípios básicos, pois somente dessa maneira ele pode estruturar um pensamento para comunicá-lo.

Além disso, conforme se ponha o acento na vontade ou na razão, na origem e no fundamento da lei, fala-se em sua interpretação voluntária ou intelectual.

Kant esclareceu que é peculiar de toda lei a universalidade em sua forma. Não existem, na realidade, exceções para as Leis (Mora, 1965).

Os princípios éticos são formulados em uma linguagem valorativa, ao passo que os juízos morais são formulados em uma linguagem imperativa.

Existem três tipos de leis: as leis naturais (que não devem ser violadas), as leis morais (que não devem, mas podem ser violadas) e as leis científicas (que constantemente devem ser revisadas).

As leis naturais se expressam numa linguagem indicativa, as leis morais se expressam numa linguagem prescritiva e as leis científicas se expressam numa linguagem dedutiva.

A lei natural é aquela que rege o reino das causas, as leis morais regem o reino dos fins e da liberdade e as leis científicas regem o reino do conhecimento. A lei natural é comprobatória, a lei moral é mandatória e a lei científica é intuitiva, devendo ser sempre confirmada (Mora, 1965).

Kant faz uma diferença entre a lei moral e o imperativo, pois a lei moral aparece para o ser humano como uma forma imperativa, que pode ser apreendida por um ser perfeito (neste caso, a lei moral é a lei da santidade) ou pode ser imposta a um ser imperfeito (neste caso, a lei moral é a lei do dever, que exige respeito).

As "leis teleológicas" têm por finalidade expressar o modo de explicação no qual se baseiam as causas finais e podem ser observadas na natureza, que é perfeita como um todo. No pensamento kantiano, essas leis poderiam ser consideradas um trânsito, uma síntese da razão teórica para a razão prática, portanto, do reino das causas para o reino da liberdade (Mora, 1965).

O teleológico, que é o estudo filosófico dos fins, isto é, do propósito, objetivo ou finalidade, pode ser entendido como uma síntese entre o natural-mecânico e o ético-livre. Kant analisa a noção de "finalidade ou propósito" com o objetivo de descobrir o princípio do juízo teleológico da natureza (Mora, 1965).

A finalidade ou o fim a que algo se destina pode significar: término, limite ou conclusão de uma coisa ou de um processo. Desde Aristóteles, entende-se a noção de fim relacionado à ideia de causa. Pode-se dizer que o fim é o término quanto à delimitação, mas de certo modo é o horizonte de algo. Em ética, o fim é o término que assinala a execução de algo – o seu propósito (Mora, 1965).

Mario Bunge classifica quatro tipos de leis:

- Lei 1 ou simplesmente a "lei", que denota qualquer relação constante objetiva na natureza;
- Lei 2 ou enunciado monológico, que designa qualquer hipótese geral que se refira a algo vinculado a uma lei;
- Lei 3 ou enunciado monopragmático, que indica qualquer norma por meio da qual se possa regular (com êxito ou não) o curso de uma ação;
- Lei 4 ou enunciado metamonológico, que nomeia qualquer princípio geral sobre a forma ou a amplitude, ou ambas, dos enunciados legais pertencentes a uma determinada ciência.

O significado da Lei 1 depende da esfera correspondente da realidade; os da Lei 2, Lei 3 e Lei 4 dependem da esfera do conhecimento: a Lei 2 refere-se ao conhecimento de uma lei; a Lei 3 refere-se à comprovação e ao uso da lei; a Lei 4 refere-se aos modelos da lei (Mora, 1965).

A lei não tem vigência temporária, ficará em vigor até que outra a modifique ou a renegue.

A Constituição Brasileira de 1988 foi pioneira no reconhecimento e efetivação dos direitos fundamentais da pessoa humana, adotando um estado democrático de direito. O princípio da dignidade da pessoa humana foi elevado ao nível máximo, reverberando por todo o ordenamento infraconstitucional e norteando toda a atividade hermenêutica dos operadores do direito.

Em seu artigo 5º, inciso II, reza: "Ninguém será obrigado a fazer ou deixar de fazer alguma coisa senão em virtude de lei". Portanto, a nossa Constituição obriga obediência e respeito a todos os códigos morais, pois eles nada mais são do que um conjunto organizado de leis aceitas pelos três poderes constitucionais.

O direito penal[1] teve até o presente momento como objetivo principal a definição das normas da ordem do direito positivo. Por sua vez, o direito civil[2] tem como objetivo regular os direitos e as obrigações de ordem privada, concernentes às pessoas, aos seus bens e às suas relações.

A criminologia tem como objeto de estudo o ser humano delinquente e as causas do crime. Podemos dizer que o direito penal e a criminologia, mesmo sendo ciências que têm por finalidade o mesmo objetivo estudado sob ângulos diferentes, têm alguns entroncamentos comuns.

Entendemos por psicopatologia forense a aplicação de todos os conhecimentos científicos sobre saúde mental em todos os casos de ordem civil, penal ou laboral nos quais se torne necessária a comprovação do estado mental de um indivíduo.

---

1 Novo Código Penal, Parte Geral: da aplicação da Lei Penal, em vigor pela Lei nº 7.209, de 1984.

2 Novo Código Civil, Lei nº 10.406, de 10 de janeiro de 2002.

Os conflitos da psicopatologia forense podem surgir por termos dois modos diferentes de pensar: um na área do direito e outro na da medicina. Por exemplo, as leis que regem o direito são leis morais, os operadores do direito devem conhecer o espírito dedutivo das leis, a partir do princípio de que as doutrinas das Leis são sempre verdadeiras, com base em axiomas. Qualquer desacordo pode ser questionado por uma instância superior (Cohen & Segre, 1988).

Por outro lado, os trabalhadores da área da saúde lidam com as leis naturais, eles devem conhecer o espírito empírico-indutivo delas. Elas emergem a partir da observação dos casos, o que nos permite criar as leis, com base em fatos. O erro do profissional da saúde pode ser fatal, tendo escassa oportunidade de reparação (Cohen & Segre, 1988).

Podemos pensar no homicídio e no suicídio como o paradigma e o ponto de confluência da criminologia com a psicopatologia forense, pois em ambos existe um ato ilícito cometido por um ser humano. No primeiro caso, ele será entendido como um ato punível, enquanto no segundo ele poderá ser explicado como um transtorno mental ou do comportamento.

Normalmente, nem a criminologia nem a psicopatologia forense estão associadas ao sistema judiciário na elaboração da política criminal, pois frequentemente a legislação tem como finalidade proibir certos atos humanos.

A Organização Mundial da Saúde (OMS) está se empenhando em relacionar a criminologia, a psicopatologia forense e outras ciências correlatas com a saúde mental e o direito.

A criminologia é uma ciência que ainda se encontra em formação diante da investigação empírica. A expressão foi criada por Garofalo, em 1885, na Itália, e tem como objetivo o estudo do crime, do criminoso e a terapêutica criminal.

Podemos definir crime como um ato humano, imputável, culposo ou doloso, contrário à norma jurídica e passível de pena expressa na lei. Como esclarece Flamínio Fávero, o ato tem de ser humano; tem de ser imputável, isto é, passível de ser atribuído a alguém que tenha noção de sua responsabilidade, ou seja maior de idade e que não tenha doença mental; além disso, o crime pode ser culposo ou doloso, o que quer dizer que pode ser cometido voluntariamente ou involuntariamente. Entretanto, isso ainda não basta: este ato deve ser contrário a uma norma jurídica preestabelecida e convenientemente publicada para ser do conhecimento da coletividade; e essa norma jurídica precisa vir acompanhada de eficiente sanção punitiva (Fávero, 1975).

Todas as ciências que se preocupam com o crime e o criminoso constantemente se defrontam com o dilema da responsabilidade ou da irresponsabilidade humana. Visto sob outro vértice, a questão estaria relacionada ao determinismo ou ao livre-arbítrio, temas dos quais a antropologia filosófica sempre se ocupou.

Do ponto de vista ético, esse dilema está relacionado com as questões da liberdade e da necessidade. A liberdade pode ser entendida como princípio de autodeterminação, como liberação diante de ou para alguma coisa, como realização de uma necessidade. Aristóteles conceituou a necessidade como o resultado de uma coação, sendo a condição do bem; é necessário o que não pode ser de outro modo e, consequentemente, existe somente de um modo. Para Kant, o necessário se opõe ao contingente, que pode ser conceituado como tudo aquilo que, quando confrontado com o real, está determinado segundo condições genéricas da experiência.

Para Kant, a ética é um sistema necessário ao indivíduo, ao passo que a moral é um sistema contingente, pois depende dos valores criados pelo ser humano.

O infrator do Código Penal, que pode ser examinado mediante uma perícia pedida pelo juiz para saber seu estado mental, pode ser reputado como culpado de um crime e penalizado.

O laudo pericial, efetuado por equipe multiprofissional, deverá obrigatoriamente, em suas conclusões, dar um diagnóstico multiaxial do periciado, como recomenda o DSM-V.

Eixo I – Compreende as síndromes da clínica psiquiátrica.

Eixo II – Inclui os transtornos de personalidade e o retardo mental.

Eixo III – Permite a inclusão de perturbações orgânicas.

Eixo IV – Avaliação dos estressores psicossociais.

Eixo V – Indica o nível mais elevado do funcionamento adaptativo no período anterior ao diagnóstico.

Esses diagnósticos deverão estar relacionados ao autor do ato incestuoso, e, além de esclarecer ao juiz se o autor tem capacidade de entender o ato que cometeu, esses dados têm também como função elucidar ao juiz a complexidade do ato incestuoso. O perito deve também fornecer ao magistrado como conclusão um esclarecimento sobre os diversos tipos de condutas terapêuticas a serem tomadas.

Quando o infrator do código é considerado irresponsável por seu ato, portanto inimputável ou semi-imputável, ele será enquadrado na medida de segurança, que não tem caráter repressivo, pois não se trata de uma pena; a medida de segurança é uma medida de assistência e prevenção social, relativamente ao estado perigoso do infrator.

A questão torna-se menos clara quando o infrator não tem uma maturidade mental em relação às questões sociais, o que é colocado como a questão da "competência social". Portanto, ele não pode ser considerado irresponsável, pois não tem nenhuma doença psiquiátrica, mas também não pode ser responsabilizado, pois age como se fosse um menor de idade.

No que diz respeito ao incesto, as questões pertinentes à sua regulamentação deveriam ser da competência familiar. No entanto, da mesma maneira que o código aceita a existência de indivíduos que não têm competência, podemos pensar também na existência de famílias que não têm competência para administrar os seus próprios problemas, o que sugeriria o auxílio de alguma instituição social.

O conceito de competência social é fundamental para as relações sociais. O Código Civil diz que o indivíduo aos 21 anos tem capacidade de realizar todos os atos da vida civil, mas isso não quer dizer que ele tenha competência social.

Freedman, Kaplan e Sadock definem a competência social do indivíduo como a capacidade para conseguir desempenhar as funções sociais, tanto as que lhe forem atribuídas quanto aquelas às quais aspirar. O desenvolvimento da competência social depende de uma maturação do ego que lhe permita uma percepção do mundo como algo importante, além de níveis de autoestima pelo menos moderados. Sua aquisição parece ser favorecida pela estimulação precoce, pelo reforço do desenvolvimento cognitivo e pela continuidade das experiências e das consequências na representação dos objetos valorizados (Freedman, Kaplan & Sadock, 1982).

Nós consideramos que essa competência social somente pode ser alcançada se forem reprimidos os atos incestuosos e se o indivíduo tiver uma capacidade mental para poder elaborar conceitos abstratos.

A condenação do incesto entrou relativamente tarde no direito propriamente dito, mas permaneceu por muito tempo como um impedimento de caráter religioso, que apareceu primeiramente sob a forma de tabu e só depois passou a fazer parte de textos sagrados. Mas, de uma ou de outra maneira, a partir do período Neolítico o incesto sempre foi condenado, e os seus infratores, punidos, sendo permitido apenas para algumas classes sociais privilegiadas, para alguns deuses, em alguns mitos, e para certos imperadores (representantes de Deus na terra).

O Código de Hamurabi, escrito por Hamurabi, legislador da Babilônia e que viveu aproximadamente em 1900 a.C., reza em seu artigo 157: "Se alguém, depois de seu pai, se deitar sobre o seio de sua mãe, serão os dois queimados".

O direito romano antigo considerava incesto, além do casamento com uma vestal, qualquer união entre pessoas que tivessem uma proibição de matrimônio, que se encontravam sob o nome de *fas*.

Para a *lex Iulia de adulteriis*, o conceito e os casos de incesto são para *vetere mores* (apelar para os costumes), porém, na idade clássica, nem todas as violações das proibições matrimoniais eram consideradas incesto, algumas entravam no conceito de *stuprum* (estupro).

A legislação imperial pós-clássica fixou novas proibições para o matrimônio. Assim, foi proibida a união de afins em linha colateral até o segundo grau, entre primos, e aquela entre cristãos e hebreus (Paschini, 1958).

O Código Civil brasileiro, que normatiza os direitos e as obrigações de ordem privada concernentes às pessoas, aos seus bens e às suas relações, e que entrou em vigor em janeiro de 1916,[3] traz no seu artigo 183 os impedimentos ao casamento entre:

---

3 Segundo o Código Civil de 2002, art. 1.521, há impedimento matrimonial: "I – os ascendentes com os descendentes, seja o parentesco natural ou civil;

> *Os ascendentes com descendentes, seja o parentesco legítimo ou ilegítimo, natural ou civil;*
>
> *Os afins em linha reta, seja o vínculo legítimo ou ilegítimo;*
>
> *O adotante com o cônjuge do adotado e o adotado com o cônjuge do adotante;*
>
> *Os irmãos, legítimos ou ilegítimos, germanos ou não, e os colaterais, legítimos ou ilegítimos, até terceiro grau inclusive;*
>
> *O adotado com o filho superveniente ao pai ou à mãe adotiva.*

O Código Civil permite o casamento entre tio(a) e sobrinha(o), desde que aprovado por um exame médico, e cujo parecer seja conclusivo.

Evidentemente, é impossível elaborar um exame conclusivo *a priori*, pois não se pode saber antecipadamente se um casal de consanguíneos engendrará algum filho com anomalia genética. Os exames para verificar esse tipo de anomalia só podem ser feitos no feto, e obviamente, se constatada, vamos nos defrontar com outro problema legal, que é a questão do aborto.

O que pode ser questionado legalmente quanto ao casamento entre colaterais de terceiro grau é o estado de saúde mental.

II – os afins em linha reta;

III – o adotante com quem foi cônjuge do adotado e o adotado com quem o foi do adotante;

IV – os irmãos, unilaterais ou bilaterais, e demais colaterais, até o terceiro grau inclusive;

V – o adotado com o filho do adotante."

No Código Penal Brasileiro, considera-se crime a violação culposa e imputável da lei penal. Encontramos, no capítulo referente aos crimes contra os costumes, os cometidos contra a liberdade sexual, e as relações incestuosas não são consideradas um crime autônomo, mas um agravante dos crimes contra os costumes, no artigo 226:

> *Inciso II – de metade, se o agente é ascendente, padrasto ou madrasta, tio, irmão, cônjuge, companheiro, tutor, curador, preceptor ou empregador da vítima ou por qualquer outro título tiver autoridade sobre ela. (Redação dada pela Lei nº 13.718, de 2018)*

Podemos observar nesse artigo do Código Penal como se faz referência a alguma situação incestuosa.

O Código Penal atual reviu o inciso II, pelo fato de o código anteriormente referir-se ao agente do crime sexual apenas como do sexo masculino, como se as mulheres não cometessem esse tipo de crime e fossem apenas as suas vítimas.

Consideramos também como mal inserida no código a colocação de um agravante dos crimes de violação do tabu do incesto nos crimes contra a honra. A nosso ver, deveria ser incluído nos crimes contra a família, pois acreditamos que, quando ocorre um ato incestuoso, a pior lesão não é contra o indivíduo, mas, sim, há uma violação da função psicossocial da família, ou seja, uma alienação parental.

A violação do tabu do incesto deveria ser considerada um crime autônomo e sua inserção no Código Penal deveria ser nos crimes contra a família. Consideramos que os legisladores precisariam rever, em conjunto com os profissionais de saúde mental, esses capítulos (crimes contra os costumes e contra a família) do

Código Penal Brasileiro. Com a nova visão social dos chamados "crimes intramuros" – como os maus-tratos aos menores (*battered child*); o estupro do marido contra a esposa; os "avós espancados"; e o próprio incesto –, demonstra-se que a antiga ideia do santuário familiar não é real.

A nossa Constituição de 1988 já se ocupa deste tema no Título VIII, da Ordem Social, no capítulo II, da Seguridade Social, na seção IV, da Assistência Social, quando reza a necessidade de dar proteção à família, à maternidade, à infância, à adolescência e à velhice. A Constituição ratifica esses conceitos no artigo 226:

> *A família, base da sociedade, tem especial proteção do Estado.*
>
> *8º) O Estado assegurará a assistência à família na pessoa de cada um dos que a integram, criando mecanismos para coibir a violência no âmbito de suas relações.*

Mas, se quisermos analisar o conceito de estrutura familiar, devemos avaliar essa evolução humana qualitativa, de uma natureza que faz para uma natureza humana que permite que faça – e isso ocorre em razão da criação de uma regra (lei) que proíbe o incesto (Moscovici, 1975).

O mérito de Lacan foi o de ampliar os conceitos propostos por Freud sobre o complexo de Édipo. Ele não o vincula exclusivamente ao que ocorre com a criança; Lacan analisa o que ocorre na situação em que a criança está incluída, portanto ocupa-se do fenômeno social.

Lacan fala de funções, e a função do pai é a de interferir na relação diádica mãe-filho, motivo pelo qual o pai passa a ser o representante da Lei e como tal pode reprimir os atos incestuosos. É graças a essa primeira proibição que a criança apreende o significado de que não lhe é permitido satisfazer todos os desejos.

Devemos aceitar que a lei existe, não para humilhar e degradar os desejos do indivíduo, mas para possibilitar o intercâmbio social, ao permitir que o ser humano se estruture.

Não há dúvida de que a lei, para ser respeitada, precisa ser imposta pela sociedade. Portanto, quem impõe a lei necessita ter um poder que lhe é concedido pela própria sociedade.

Consideramos que a função dos códigos é a de substituir certos tabus sociais, com uma visão mais elaborada destes que em outras épocas serviram para a estruturação social.

Atualmente, graças ao desenvolvimento do nosso processo de pensamento, que passou de um nível mágico para um científico, essas proibições podem ser realizadas por meio do sistema judiciário. É ele que se ocupa das leis que irão ajudar na prevenção e no tratamento dos agressores e das agressões contra o indivíduo e contra a sociedade.

10. Visão psicossocial do incesto

O percurso que faremos para entender a problemática psicossocial do incesto passará pelo exame de tópicos como sexualidade e família humana, pois consideramos fundamentais para a compreensão dos aspectos antropológicos e médico-sociais do incesto. Em seguida, daremos uma definição de incesto e apresentaremos dados sobre a sua incidência no Brasil e no mundo. Para finalizar, avaliaremos como legislar e como tratar as famílias incestuosas.

Uma das formas que o frágil ser humano encontrou para se defender, crescer e poder evoluir foi a de viver em sociedade, e, para isso, foi necessário estruturar uma linguagem, constituir a família e reprimir o incesto.

Para entendermos as famílias exogâmicas, ou seja, as famílias que respeitam a proibição dos desejos incestuosos, devemos observar o salto qualitativo que a nossa espécie deu, quando pôde diferenciar o instinto sexual, que é um comportamento hereditário próprio de todos os seres vivos, da pulsão sexual, que é exclusiva dos seres humanos. A pulsão sexual é caracterizada como um adicional energético que faz com que o indivíduo possa optar por um determinado fim sexual, que pode ser variável e cujo objeto sexual não está determinado biologicamente, portanto sua expressão se dá por meio de um processo dinâmico. A libido é uma energia, postulada por Freud, que funciona como o substrato das transformações da pulsão sexual. Podemos compreender a sexualidade humana como a somatória do instinto sexual e da pulsão sexual.

Entretanto, não podemos falar em sexualidade sem antes falarmos em cultura, pois a sexualidade também é um processo social e cultural. As duas características principais do desenvolvimento da cultura são ser um atributo humano e ter a consciência dessas qualidades.

Mas, pelo fato de o ser humano ter consciência de suas tradições e de possuir instrumentos que lhe permitem interferir nessa mesma cultura com a finalidade de modificá-la, a revolução cultural pode ser mais rápida do que a evolução orgânica, e essa diferença pode trazer conflitos.

Atualmente, a revolução cultural é de tal ordem que tem interferido na própria evolução orgânica. Como exemplo disso, temos as mutações bacterianas, em decorrência do uso de antibióticos, ou a possibilidade de destruição do mundo pelo uso de armas atômicas, ou mesmo os implantes de embriões ou os transplantes de órgãos.

A cultura vai se modificando a cada momento, dependendo da concepção e da consciência que o ser humano tem de si mesmo e do mundo que o rodeia. Podemos considerar que a cultura é a somatória desses conhecimentos com as ansiedades decorrentes daquilo que ainda é desconhecido e que desejamos conhecer, portanto a cultura é algo vivo e dinâmico.

O homem moderno, ou seja, aquele que tem a capacidade de simbolizar, surgiu pouco depois da calota de gelo de Würm (último período glacial) ter começado a deslizar e a afundar lentamente (podemos comparar esse momento ao dilúvio universal bíblico). A partir daí, a história cultural do mundo antigo pode ser dividida em quatro grandes períodos: o Paleolítico, o Neolítico, a Idade do Bronze e a Idade do Ferro (McEvedy, 1979).

Até o período Paleolítico, tinha-se a ideia de que a mulher era autossuficiente na geração dos filhos, o que pode ser observado ainda hoje no entendimento de que a mulher é a responsável por cuidar dos filhos. Trata-se de um preconceito que se reflete também na ideia popular de que, quando um casal não é fértil, o problema é sempre da mulher, pois é essa fertilidade autossuficiente que está cercada de mistérios. Consideramos a questão da fertilidade como fundamental e fundante de uma angústia primordial do ser humano, pois nela estão embutidas as questões de vida e morte da espécie e do indivíduo.

Do Paleolítico nos é legada uma herança cultural em que a deusa-mãe é sempre representada com a finalidade de uma produção cultural que contenha e dê sentido às ansiedades decorrentes da fragilidade humana. Podemos considerar que nesse período houve uma observação factual, ligada à consciência da fertilidade da mulher, mas, diante da angústia de tal fato inexplicável, o ser humano pôde criar representações de caráter mágico-religiosas para organizar o social.

Como já vimos anteriormente, foi necessário um longo tempo para que se estabelecesse uma correlação entre fertilidade e sensualidade e para que ela fosse apreendida pela consciência humana. É apenas no Neolítico que o homem surge como o elo necessário entre a relação sexual e a procriação. É interessante observar que entre um ato e outro transcorrem nove meses, portanto a vinculação entre esses dois eventos é bastante complexa para um observador comum.

A transição para o período Neolítico é um momento de viragem qualitativa, no desenvolvimento social e econômico do ser humano, comparável, em importância, às revoluções industrial, científica e tecnológica dos séculos XIX, XX e XXI.

Nesse período, o ser humano passa a produzir os seus alimentos, mostrando, provavelmente, uma de suas primeiras interferências na natureza. Pesquisadores identificaram que a ingestão de carne pode ter sido um dos fatores que auxiliaram na evolução humana. A proteína foi essencial para fornecer mais calorias, de acordo com Lieberman (2011). Essa prática o conduziu de maneira definitiva a uma diferença radical em sua maneira de viver – ele já não é nômade, forma famílias estáveis, desenvolve a agricultura e domestica animais (Morris, 1975).

O conhecimento da paternidade é um dado que se funda na observação, pois a descoberta da relação entre sexo e procriação não é um dado imediato da consciência. Em nível psicológico, isso só ocorre quando a criança manifesta interesse pela figura do pai, o que só pode ser vivenciado por ela após sua própria descoberta da paternidade, podendo então discriminar o "ser" do "ter" (Aberastury & Salas,1984).

No campo social, essa descoberta revolucionária permitiu a representação simbólica do conceito de família e é provável que seja nesse período que se instaura o tabu do incesto.

Podemos imaginar que foi nessa época que o instinto sexual, como um instinto da espécie, evoluiu para pulsão sexual, observável por meio da variação dos diferentes objetos e fins sexuais, pois os seres humanos já não se acasalavam como os outros animais, com a única finalidade de preservar a espécie, mas o faziam por motivos afetivos e de conveniência.

Fernandez de Castro (1990) afirma que o "casal" ou o "casamento" é uma imposição forçada da cultura. Sua afirmação se baseia na observação de que em todas as sociedades podemos encontrar, nos seus livros sagrados, esse tipo de imposição, seja por meio de legislações místicas, seja em seu folclore de origem ancestral, seja nos totens lendários. Essas obras relatam a história de casais quase divinos que deram origem à humanidade. Elas têm como função educar a sociedade, mostrando sempre a necessidade de reafirmar que existem estruturas sociais diferentes e divindades que impõem a Lei.

Por esse mesmo motivo, a proibição do incesto, que se tornou inerente ao ser humano, é algo que deve ser alcançado pelo indivíduo para que ele possa ingressar na cultura; portanto, essa proibição, que não é natural, deve ser ensinada a cada ser humano que nasce.

Para entender um pouco mais como os instintos animais foram transformados em pulsões humanas, devemos diferenciar duas etapas do desenvolvimento sexual, as quais todos os seres humanos devem vivenciar antes de alcançar o nosso nível atual de relacionamento social, passando da selvageria (promiscuidade, atividade sexual não sujeita nem a normas nem a leis), governada pelo princípio do prazer, para a cultura (Neolítico, família com casal pouco estável e paternidade comunitária), quando surge o princípio de realidade que permite a simbolização.

Essa história é vivida por todo ser humano. A teoria psicanalítica demonstra que esse é o caminho do desenvolvimento psicossexual pelo qual todos devem passar. Como Freud afirmou, a criança nasce como um ser perverso-polimorfo e é a sua passagem pelo complexo de Édipo que lhe permite alcançar a sexualidade adulta.

No período quaternário, ou etapa de selvageria, já encontramos o *Homo habilis, Erectus* ou de *Neanderthal.* Esse nosso antepassado, que sobreviveu a todos os seus predadores, viveu sem nenhuma dúvida em promiscuidade sexual. Nesse período, vigorava o matriarcado, mas, com a descoberta da paternidade, o homem toma o poder, destronando os deuses hermafroditas e criando deuses (Fernandez de Castro, 1990).

No período Neolítico, ou etapa de barbárie, o ser humano descobriu ao mesmo tempo a procriação e a agricultura. Levou milhões de anos para que ele pudesse relacionar o ato sexual com a procriação e a semente com o fruto. Aliás, até hoje, muitas pessoas, quando ensinam às crianças sobre a fecundação, utilizam a metáfora da semente.

Da agricultura, veio o trabalho especializado; e da procriação, o casal e a família, ocorrendo a primeira revolução sexual - e ambos promoveram uma revolução social. Para manter a ordem social e sexual, o ser humano foi obrigado a elaborar as leis morais e científicas. Na China, o Deus-Rei Fohi; na Índia, Manu; no Egito, Menés; e no Oriente Médio, um único Deus - que passaram a ser os primeiros legisladores morais.

Para mostrar a importância da descoberta da paternidade, podemos observar como a humanidade passou a admirar os "falos". Investigações arqueológicas descobriram *falos* que foram entalhados nos últimos tempos do Neolítico, o que indica claramente que nesse período começa o culto ao macho, ao mesmo tempo que decai o antigo culto à mulher. Aparecem os deuses itífalos *(ithis*, ereto; *phallós*, pênis); na Índia, nos centros culturais de Harappa e Mohenjo-Daro, foram encontrados falos gravados em barro e pequenas figuras que representam um deus em forma de falo; no Egito, o pênis do deus Ra foi reproduzido em milhares de adornos; na ilha grega de Delfos, encontram-se imponentes monumentos fálicos dedicados a Dionísio; em Pompeia, foram encontrados vários pênis decorativos da época romana (Fernandez de Castro, 1990).

Para Desmond Morris (1975), o ser humano, que ele definiu como "macaco nu", encontra-se atualmente em uma situação sexual um tanto confusa, pois ele já não é dominado exclusivamente pelos instintos. Como primata, está impulsionado numa direção; como carnívoro (por adoção), está impulsionado em outra; e, como membro de uma complicada e complexa sociedade, está direcionando-se para outro lado. Para esse autor, um dos fatores que favoreceram a nossa evolução foi a mudança no comportamento sexual do macaco nu, proporcionada pelo coito cara a cara, pois essa posição permite observar o estado emocional do parceiro. Portanto, podemos conjecturar que essa nova postura sexual permitiu que a relação sexual deixasse de ser apenas uma relação instintiva, passando a ser também afetiva. É interessante observar que essa postura, cara a cara, na relação sexual é definida popularmente como "papai e mamãe", e quem sabe dessa maneira fica vinculado o estado emocional desse tipo de relação com a estruturação da família.

O incesto é caracterizado pela existência de vínculo familiar e do abuso sexual, sendo ainda necessário esclarecer o que vem a ser uma perversão sexual, pois a perversão está sempre marcada pela não aceitação de uma norma social. No caso do incesto, a perversão seria a relação sexual com algum membro da família que foi considerada tabu, mesmo que a relação seja consensual.

Para entender o incesto como uma perversão sexual, devemos primeiramente retirar a conotação dada ao incesto por Krafft-Ebing, que o definia como um ato praticado apenas por indivíduos aculturados, seres culturalmente inferiores, pois somente esses indivíduos poderiam ter esses desejos. O entendimento dado ao ato incestuoso pela psiquiatria e pela psicanalise é que ele seria uma perversão, uma perversão sexual, ou seja, a atuação de um desejo sexual humano que deveria ser reprimido.

Entendemos que a perversão sexual é a atuação da pulsão sexual com determinado objeto e fim que foram socialmente proibidos. O que deve ser modificado no ser humano é a atuação dessa pulsão, pois somente assim poderemos considerar que um indivíduo alcançou a sexualidade adulta. A atuação das perversões pode ser observada nas pessoas que não atingiram essa etapa da escolha do objeto sexual. Em alguns casos, a pressão, a fonte, o fim e o objeto sexual são confundidos, e, em outros casos, as gratificações sexuais são obtidas por meio de satisfações preliminares quanto ao fim das pulsões, que no adulto podem ser identificadas nos atos preparatórios ao ato sexual.

Mas, com a finalidade de modificar o estigma de imoralidade que a palavra perversão sexual estabeleceu à sexualidade humana, o DSM-III[1] retirou o termo "perversão sexual", e substituiu-o por "parafilia" (*para*, desvio; *filia*, aquilo para que a pessoa é atraída), mostrando dessa maneira que as fantasias parafílicas ou os estímulos equivalentes podem ser sempre necessários à excitação erótica e estão incluídos na atividade sexual (DSM-III-R, 1987).

Interessa-nos o conceito de parafilia porque o autor de um ato incestuoso deve ser considerado uma pessoa com um transtorno social ou do comportamento classificado como parafílico.

A parafilia se caracteriza pela atuação dos desejos projetados em um objeto sexual ou em situações que não fazem parte dos padrões normativos da atividade excitatória. Eles interferem em

---

1 O DSM-V preconiza a distinção entre um comportamento sexual atípico e um comportamento sexual atípico decorrente de um transtorno, sendo este último o único que carece de tratamento especializado. O DSM-V categoriza o incesto como um tipo específico de pedofilia, porém não o diferencia como tendo uma psicopatologia própria diferente da pedofilia.

vários graus, sendo incapazes para a atividade sexual afetiva. Uma das tantas especificidades do pedófobo e do incestuoso é que o fim sexual de ambos é diferente: no primeiro, o desejo sexual se encontra fora da família, enquanto no segundo o fim sexual está dentro da própria família. Para o DSM-III-R,

> *A característica essencial da parafilia é a atuação de um impulso sexual intenso, recorrente e fantasias que despertam excitação sexual geralmente envolvendo (1) objetos não humanos, (2) o sofrimento ou a humilhação de si mesmo ou do parceiro (não simplesmente simulado), (3) crianças ou outras pessoas sem o seu consentimento. O diagnóstico é feito levando em consideração se a pessoa atuou sob este impulso (distúrbio sexual), ou se ficou acentuadamente perturbada por ele (doença mental). (DSM-III-R, 1987, p. 295)*

Do ponto de vista social, os transtornos parafílicos são entendidos como fantasias, impulsos ou comportamentos recorrentes, intensos e sexualmente excitantes, que causam sofrimento ou humilhação de si mesmo ou do parceiro, com potencial para causar dano. O problema ocorre quando a atividade sexual está associada ao não consentimento do parceiro ou quando transgride algum sentido socialmente proibido ou alguma lei.

Mas, se pensarmos na relação incestuosa, torna-se necessário diferenciar a sexualidade infantil (perverso-polimorfa) – que é pré-genital e cujos objetos sexuais ainda são indiscriminados (confusão com o outro) – da sexualidade adulta – que é genital, ou seja, existe um sujeito diferenciado e um companheiro emocionalmente escolhido para a finalidade de compartilhar a satisfação sexual – para saber se deveríamos considerá-la um ato sexual com consentimento ou uma parafilia a ser incluída nos transtornos psicossexuais do DSM-V, podendo ser vinculada a um transtorno mental ou do comportamento.

Retornando à questão familiar do incesto, vemos que, para tornar possíveis uma harmonia e uma cooperação familiar, as sociedades criam normas, como a da proibição do incesto, para regular as condutas sexuais e sociais. Podemos observar essa proibição na vida prática, não somente pelas leis mas também pelos contos infantis, nos mitos, nos livros sagrados.

Para explicar a regulamentação da proibição do incesto, Freud criou teorias como a do Complexo de Édipo e a do Complexo de Castração. Ele observou que os desejos inerentes ao complexo de Édipo e os temores provenientes do complexo de castração são vivenciados por todos os seres humanos na infância e que esses complexos são revividos pelo indivíduo durante a adolescência. Nesse período, os temores incestuosos são muito maiores porque existe a possibilidade real da atuação sexual de seus desejos. Esta é uma das causas pelas quais o adolescente é tão rebelde com os pais: ele tem o temor inconsciente de viver o mito edípico e ser castrado.

Freud analisou o fato da proibição do incesto e definiu como estruturante para o funcionamento mental, esclarecendo que a sua repressão contribui para a constituição do seu funcionamento mental em processos primário (energia que tende a escoar livremente) e secundário (modo de funcionamento do sistema consciente/pré-consciente). Mas é a sexualidade, que surge desse evento, que torna possível ao indivíduo diferenciar o que fora antes uma confusão pré-genital, permitindo-lhe a partir desse momento identificar-se com um deles – assim, possibilita-se que o sujeito adquira sua identidade sexual.

Em relação à questão familiar, podemos dizer que os componentes básicos para a estruturação psicossocial do indivíduo dependem do modelo familiar original, da estruturação libidinal, de uma organização mental e de uma determinada ideologia cultural. A organização mental se dá em função da distribuição das responsabilidades ao longo do tempo e do espaço.

Isidoro Berenstein (1989) esclarece que a estrutura familiar inconsciente contém a relação entre a família conjugal ou de aliança e a família materna. Compreendendo uma ordem entre quatro tipos de vínculos:

a) entre o marido e a esposa (relação de aliança);

b) entre a esposa e a sua família de origem (relação com a família materna que pode estar invertida em relação à família paterna);

c) entre o filho e os pais (relação filial);

d) entre o filho e a família materna ou os seus representantes (relação avuncular) (Berenstein, 1989).

O autor conclui que a família pode ser considerada um sistema ou um conjunto de seres humanos, vinculados por uma estrutura inconsciente entre a complexa relação da família conjugal e a família materna, que estão ligadas por esses quatro tipos de relações constitutivas do parentesco (Berenstein, 1989).

Já Lévi-Strauss estabelece uma diferença entre parentesco natural e parentesco cultural. O primeiro tem como base a procriação, ao passo que o segundo implica um modelo de significação de natureza inconsciente e um sistema de organização desse parentesco distante do natural, ainda que esteja apoiado nele (Berenstein et al., 1991).

Em relação ao parentesco natural, a proibição do incesto serviria apenas para evitar a possibilidade de homozigose de genes com efeito nocivo. É diante do parentesco cultural que a proibição do incesto tem um efeito estruturante, pois admite o convívio familiar, tornando possível ao filho diferenciar simbolicamente o pai da família materna que está encarregada de preservar essa instituição.

No entanto, será a função do pai (Lei) que irá permitir ao indivíduo sair do mundo das fantasias, em que tudo é permitido (onipotência), para entrar no mundo da realidade, no qual existem limites e proibições (ordem).

As famílias não estruturadas podem funcionar desde uma maneira totalmente aglutinada (não permitindo o desenvolvimento cognitivo-afetivo dos filhos) até uma maneira totalmente desagregada (não permitindo o desenvolvimento dos aspectos protetores da família) (Ricon & Di Segni, 1991).

Devemos considerar tanto as famílias aglutinadas quanto as desagregadas como patológicas, pois a família saudável é aquela estruturada com base nas funções. Essas famílias são aquelas que introjetaram as representações das funções de pai, mãe e filho. Essas funções obedecem a uma organização ideológica, que pode variar segundo a época e a cultura. Assim, o pai biológico não será obrigatoriamente o pai simbólico, pois deste se exige a estruturação da função social de pai, enquanto do pai biológico foi exigido apenas que tivesse os órgãos reprodutores amadurecidos e em funcionamento, podendo até ser substituído pelos bancos de sêmen. O mesmo raciocínio é válido para a mãe biológica, que também pode ser substituída por uma barriga de aluguel, e a mãe social, que poderá ou não ser a mesma pessoa.

As famílias que se estruturaram apenas biologicamente mantêm um tipo de contato físico (sensorial) porque, uma vez que não puderam reprimir as pulsões incestuosas, também não tiveram a possibilidade de ingressar no mundo emocional (sentimentos). Quando percebem alguma necessidade sexual, e estando impossibilitados de modificar o objeto primário da pulsão, atuam esses desejos sexuais sobre algum membro da família. Podemos, então, dizer que essas famílias são "famílias incestuosas" ou "famílias endogâmicas".

É interessante notar que Forward e Buck (1989), quando procuraram definir o que é incesto, distinguiram entre uma visão legal e uma visão psicológica, mostrando desse modo os dois níveis que tratamos de estabelecer e de articular sobre a problemática da imposição do tabu do incesto. Esses autores definem o incesto sob os pontos de vista:

a) Legal: relação sexual proibida por lei (religiosa, civil ou penal) entre indivíduos com um grau de parentesco.

b) Psicológico: qualquer contato abertamente sexual entre pessoas que tenham um grau de parentesco (consanguíneo ou por afinidade), ou que acreditam tê-lo. Essa definição incluiria padrasto, madrasta, sogro, sogra, meios-irmãos, avós por afinidade e até amantes que morem junto com o pai ou com a mãe, no caso de assumirem o papel de pais.

Kadish (1983) sintetiza esses dois aspectos, definindo o incesto como: "O matrimônio, a coabitação ou a relação sexual entre pessoas com um certo grau de consanguinidade ou afinidade, motivo pelo qual o matrimônio não lhes é permitido" (F. Ferracuti, 1988).

Mas quem coloca uma terceira variável fundamental sobre a questão do incesto é o National Center on Child Abuse and Neglect, que define o incesto como "abuso sexual intrafamiliar" que deve ser penalizado.

Essa definição inclui não somente a relação sexual genital, mas também qualquer ato que tenha por finalidade estimular uma criança sexualmente, ou usá-la para a estimulação sexual do perpetrador ou de qualquer outra pessoa.

Desse modo, no nosso entender, devemos encarar o incesto sob diferentes ângulos, pois deveríamos considerá-lo um conflito psicológico, familiar e legal. Por esse motivo, por um lado deveríamos aceitar a ideia de que o incesto não é apenas um abuso sexual genital entre membros da mesma família, mas também qualquer ato que tenha como finalidade a estimulação sexual do autor ou da vítima. E, por outro lado, aceitar os parâmetros da interdição vindos do Código Civil, que proíbe o matrimônio entre ascendentes e descendentes, ou dos afins em linha reta legítimos ou ilegítimos, ou ainda do adotante com quem o adotou, e dos irmãos legítimos ou ilegítimos até o terceiro grau, tendo-se, assim, a visão legal da família.

Portanto, uma vez definida a ideia de que o incesto é um abuso (mau uso) sexual e estabelecidas as interdições legais para o casamento, deveríamos destacar no nosso Código Penal o incesto, diferenciando-o dos outros crimes contra os costumes,[2] e não o considerando apenas um agravante destes. Além disso, não devemos restringir a questão do incesto apenas às crianças, pois consideramos que, mesmo um indivíduo adulto, que comete ou aceita uma relação incestuosa, não amadureceu emocionalmente, revelando uma idade mental não compatível com a idade cronológica.

A nossa definição:

> *Entendemos o incesto como o abuso sexual intrafamiliar, com ou sem violência explícita, caracterizado pela estimulação sexual intencional por parte de um dos membros do grupo, que possui um vínculo parental*

2 Os crimes sexuais de abuso sexual foram entendidos em 1940 como crimes contra os costumes. O estupro não deve ser entendido como crime contra a honra, mas, sim, contra a liberdade sexual.

> *pelo qual lhe é proibido o matrimônio. (Cohen & Gobbetti, 1998)*

Gravidade do fenômeno

É difícil fazer uma avaliação real da frequência das violações ao tabu do incesto, pois é sabido que as "cifras obscuras" desse tipo de violência são grandes. Acredita-se que o silêncio diante da sociedade ocorra por vários motivos, como pelo temor à reação dos familiares, para manter a aparência da "sagrada família", por uma conivência entre as pessoas que sabem do fato e não o denunciam, por uma ideia de que nada pode ser feito a seu respeito, por ser um assunto proibido (segredo da família), ou ainda por não saber o que fazer.

Segundo Franco Ferracuti (1988), nos Estados Unidos, calcula-se que o número de meninas vítimas de incesto está entre 60 mil e 100 mil, mas somente 20% dos casos são denunciados. No entanto, as pesquisas mais alarmistas calculam que ocorram relações incestuosas em 10% das famílias americanas.

Numa pesquisa realizada nos Estados Unidos, em 1965, com mil estudantes, verificou-se que 25% deles tinham tido relações sexuais com um adulto antes dos 13 anos, mas somente 6% deles haviam denunciado (Ferracuti, F., 1988).

Robert Barry, em seu artigo "L'incest: le dernier tabou" ["Incesto, o último tabu"], estima que uma menina a cada quatro teria sido vítima de incesto antes dos 18 anos, ou seja, 25% das mulheres, e apenas ¼ dos casos de incesto fica limitado a um único ato sexual, 70% das relações incestuosas duram mais de um ano e 10% duram mais de três anos (Barry, 1985).

O Comitê Europeu para os Problemas Criminais, em uma pesquisa realizada em 1981, concluiu que pelo menos 2% das crianças europeias sofrem de maus-tratos, das quais 60% são vítimas de violências sexuais intrafamiliares (European Committee on Crime Problems, 1981).

Para o professor D. J. Duché (1981), a avaliação do problema do incesto na França ainda está sendo aceita com certa desconfiança, pelo fato de que esses estudos estatísticos provêm essencialmente de trabalhos elaborados em países anglo-saxões. A França ainda se depara com um preconceito cultural, pois o povo acredita que esses abusos sexuais são um fenômeno raro e peculiar dos grupos marginalizados da sociedade.

Na Itália, ocorrem cerca de 3 mil incestos por ano, mas apenas são efetuadas vinte denúncias. Para Amet, na França, apenas 4% das vítimas de incesto sofrem violência física ou moral, e em 50% dos casos o autor alega que se sentiu provocado pela vítima (Ferracuti, F., 1988).

No Brasil, Maria Amélia Azevedo e Viviane Nogueira de Azevedo Guerra (1988), em seu trabalho sobre a vitimização sexual de crianças e adolescentes em família, decorrente de um exaustivo levantamento efetuado nos arquivos da polícia, nas varas de menores, na Fundação Estadual para o Bem-Estar do Menor (Febem) e no Instituto Médico Legal (IML) do município de São Paulo, num total de 309.313 documentos consultados, encontraram 168 vítimas de incesto.

Nossa pesquisa (Cohen & Matsuda, 1991), realizada no Instituto Médico Legal de São Paulo, contou com a aplicação de um questionário, elaborado por nós, que foi aplicado num período de seis meses em 1990 às vítimas de violência sexual que fizeram denúncia policial. Elas compareceram ao IML da cidade de São Paulo, como uma exigência legal, para serem periciadas. Nosso questionário foi aplicado a 1.104 pessoas que tinham sido vítimas de algum tipo de violência sexual e que foram à delegacia para fazer a denúncia.

Toda a população por nós avaliada denunciava abuso sexual, desejando processar seu agressor, mas não havia entre as queixas nenhuma denúncia de incesto. Acreditamos que essa ausência de denúncia se deva ao fato de que o nosso Código Penal não reconhece o incesto como um crime autônomo, mas simplesmente como um agravante de outro crime contra a liberdade sexual e, mesmo assim, nunca questionado psicológica ou legalmente. As vítimas só falaram a respeito do incesto porque foram questionadas, e esse tipo de questionamento não era rotineiro no IML ou nas delegacias.

Esse foi o motivo pelo qual pudemos explicar a enorme diferença de casos de incesto entre a pesquisa feita por Azevedo e Guerra (1988), que de 309.313 prontuários avaliados detectaram 168 casos, e a nossa, Cohen e Matsuda (1991), que em 1.104 pessoas entrevistadas encontrou 238 vítimas. A primeira pesquisa se baseou na análise de prontuários, em que esse tipo de informação não foi investigado, negando-se a problemática do incesto, enquanto a segunda pesquisa se baseou na avaliação das vítimas de violência sexual que foram de maneira intencional interrogadas sobre algum tipo de relação incestuosa; de outra maneira, nos prontuários apenas constaria crime de estupro ou de ato libidinoso diferente de conjunção carnal.

Apenas a título de esclarecimento, devemos salientar que, para podermos realizar a nossa pesquisa, tivemos um grande número de dificuldades, tanto na elaboração do questionário quanto no que se refere à resistência do pessoal médico em se utilizar dele. Infelizmente, os nossos dados serviram apenas para uma publicação científica, pois em nada ajudaram nos processos.

Da nossa amostra, 548 pessoas (49,64%) disseram que conheciam o seu agressor, 249 pessoas (22,55%) foram vítimas de agressão sexual por parte de algum parente e 207 delas (18,75%) moram na mesma casa do agressor (Cohen & Matsuda, 1990b).

Devemos observar que quase 25% das denúncias das vítimas de violência sexual são de incesto. Mesmo assim, os nossos legisladores ainda não se preocuparam em identificar o incesto como um crime autônomo, nem os advogados em questionar, como um agravante penal, a problemática do incesto nos processos. Tampouco os profissionais da área de saúde mental se ocuparam com o que fazer com as vítimas e suas famílias, o que seria de esperar, visto que 83% das vítimas de incesto coabitam com o seu agressor.

Outro dado que nos chama a atenção é o fato de que metade das vítimas conhecia seu agressor, o que nos leva a não considerar a violência sexual apenas um evento casual, no qual não se possa intervir de maneira preventiva. Mas, para tanto, devemos criar mecanismos legais e de saúde, a fim de interferir preventivamente. A questão é que falar a respeito da violência sexual em nossa sociedade ainda é considerado um tabu.

Observamos também que, das 1.104 vítimas, 11 mulheres (0,99%) foram vítimas de violência sexual pelo marido e 125 pessoas foram vítimas de paraincesto (algumas pessoas consideram incesto apenas quando é perpetrado na família por consanguíneos) (Cohen & Matsuda,1990a).

No entanto, se a violência sexual por si mesma é difícil de ser comprovada legalmente, nos casos de violência entre marido e esposa[3] essa prova torna-se praticamente impossível, pois existe a ideia de que o desejo sexual por parte de um dos membros de um

---

3 Em 2006, foi sancionada a Lei Maria da Penha, que se tornou símbolo nacional da luta das mulheres contra a opressão e a violência.

casal sempre deve ser satisfeito, mesmo que um dos parceiros não queira.

Por outro lado, no caso de uma relação incestuosa, devemos sempre considerar a vítima alguém que sofreu uma violência, que pode variar segundo o grau de agressão física e psíquica com que o ato foi perpetrado e segundo o tempo que se manteve essa relação. Existe, porém, uma outra variável que precisa ser avaliada, que é o grau de parentesco entre a vítima e o agressor, pois a observação dessas características, diferenciando os casos de incesto, influirá tanto no processo penal quanto na sua terapêutica.

Em nossa pesquisa, encontramos 238 vítimas (21,01%) que identificaram o parente que havia cometido o ato incestuoso, mas em 11 casos elas não quiseram esclarecer qual o grau de parentesco com seu agressor. Acreditamos que essas 11 vítimas estavam se sentindo bastante assustadas e coagidas, não conseguindo sequer nomear o seu agressor.

Devemos relembrar que, em 86,97% daqueles casos em que os agressores foram identificados, agressor e vítima moram na mesma casa. Portanto, a vítima tem poucas chances de se defender de seu violador. Além disso, possivelmente, todo o núcleo familiar sabe do fato, de maneira consciente ou inconsciente, fazendo um pacto de silêncio, seja visando a obter algum benefício secundário, seja por estar muito assustado.

O grau de parentesco do agressor com a vítima foi assim caracterizado:

- pai: 99 casos (41,60%);
- padrasto: 49 casos (20,59%);
- tio: 33 casos (13,86%);
- primo: 26 casos (10,93%);

- irmão: 9 casos (3,78%);
- cunhado: 9 casos (3,78%);
- companheiro da mãe: 5 casos (2,10%);
- avô: 4 casos (1,68%);
- concunhado: 1 caso (0,42%);
- sobrinho do padrasto: 1 caso (0,42%);
- tio-avô: 1 caso (0,42%);
- madrasta: 1 caso (0,42%) (Cohen & Matsuda, 1990a).

Entre os casos pesquisados, 62,19% dos agressores foram o pai ou o padrasto. Esse tipo de incesto ou é consumado pelo pai que chega em casa alcoolizado e violenta sexualmente a filha, que está a seu alcance, pois a mãe geralmente é fraca e submissa, ou é aquele no qual a filha mais velha toma o lugar da mãe, que morreu ou está muito doente ou ausente.

Quando ocorre esse tipo de relação incestuosa, devemos considerar que as funções familiares são alteradas: o pai passa a ser marido, a mulher aceita perder a função de esposa e de mãe e a filha deve exercer tais funções.

É importante diferenciar entre os agressores aqueles que deveriam exercer a função de pai ou de mãe e não permitiram às suas vítimas que soubessem o que é ser filho, e aqueles que têm um outro tipo de vínculo familiar diferente do de pai ou mãe e que por algum motivo não conseguiram manter a confiança que esse vínculo proporciona em uma relação familiar, por exemplo incesto entre irmãos, tio e sobrinha etc. Chama ainda a nossa atenção o fato de que quase todos os agressores eram homens. Isso nos faz questionar se esse dado mostra a realidade das relações incestuosas ou se, quando o agressor é uma mulher, fica mais difícil a sua caracterização, tornando, portanto, sua percepção e sua representação ainda mais complexas.

O incesto e a lei

Para explicar a lei que coíbe as relações incestuosas, devemos analisar como surge o tabu do incesto. Encontramos na teoria psicanalítica uma conjectura plausível, quando Freud em "Moisés e a religião monoteísta" (1939) faz uma reconstrução teórica dos primórdios da nossa civilização e reflete que, naquele período, o ser humano vivia em pequenos grupos, cada grupo era dominado por um macho violento e poderoso, que considerava todas as fêmeas como de sua propriedade. O destino dos filhos era árduo, pois, se despertavam ciúme (edípico) do pai, este os matava, castrava ou expulsava (origem do complexo de castração). Os irmãos não tiveram alternativa, a não ser organizar outro tipo de sociedade, e, como não podiam mais se relacionar com as mulheres de sua família, obtiveram outras mulheres por meio do roubo (mito do rapto das Sabinas).[4] A observação da inutilidade desses conflitos e o relacionamento afetivo do novo grupo os levaram a fazer um pacto reprimindo as pulsões edipianas, reconhecendo obrigações mútuas. Nesse mesmo período, construíram certas instituições que foram consideradas invioláveis (sagradas), ou seja, era a origem da moral e do direito (Freud, 1980f).

Essas hipóteses relacionadas ao ciúme e às disputas podem ser observadas na análise da saga do nascimento de Sargon de Agade, fundador da Babilônia, ou de Moisés, ou de Ciro, ou ainda de

4 O Rapto das Sabinas é o nome pelo qual ficou conhecido o episódio lendário da fundação de Roma em que a primeira geração de homens romanos teria obtido esposas para si por meio do rapto das filhas das famílias sabinas vizinhas.

Rômulo,[5] além dos mitos de Édipo, Karna (hindu), Páris, Perseu, Hércules, Gilgamés (babilônico), Zetos, entre outros. Todos esses heróis são filhos de pai nobre, sua concepção é precedida por dificuldades e durante a gravidez há um aviso (sonho, oráculo) de que ele ameaçará o pai. Por esse motivo, esse filho é destinado à morte ou ao abandono; liberando-o à sua sorte na água, ele é resgatado por gente de baixa condição ou animal, que o amamenta; quando cresce, após muitas dificuldades, vinga-se do pai e alcança a grandeza e a fama (Freud, 1980f).

A psicanálise aceita a hipótese de que o tabu do incesto deriva do conceito de "poder impessoal", ou seja, da aceitação de um poder superior ao poder pessoal, que é o poder da cultura. Esse poder impessoal deve ser ensinado a todas as crianças, sendo essa a função de pai, ou seja, ele é o suporte da Lei simbólica e permite estabelecer o triângulo familiar ao proibir o incesto.

Nas culturas pré-literárias, o "poder impessoal" é reconhecido por meio da liberação de forças imateriais de poderes divinos ou de artes mágicas. Na nossa cultura, isso pode ser observado nas proibições impostas pelos códigos ou nos valores morais que a nossa sociedade nos impõe.

Os objetivos do tabu são: proteger contra possíveis danos pessoais importantes; salvar os mais debilitados; proteger contra perigos decorrentes do contato com cadáveres; prevenir perturbações nos atos vitais, como nascimento, iniciação, casamento e as atividades sexuais; proteger os seres humanos ante o poder ou a cólera dos deuses ou dos demônios; resguardar os neonatos e as crianças pequenas; proteger contra roubo os objetos de uma pessoa. Podemos observar, também, que essas são as proibições fundamentais das religiões e dos códigos.

---

5 Rômulo foi o fundador da cidade de Roma e seu primeiro rei.

A maior diferença entre um tabu e um código é que no tabu não sabemos quem legislou e quem irá penalizar o seu transgressor, tudo é muito subjetivo e se desenvolve em um mundo mágico rodeado por rituais místicos. Os códigos, por sua vez, são elaborados por um sistema social, o sistema legislativo, especialmente criado para essa finalidade, e seus transgressores têm conhecimento, *a priori*, das consequências reais dessa transgressão, o que lhe dá um caráter de objetividade.

Um problema importante é que muitas vezes as leis são escritas apenas por juristas sem o auxílio de equipes multiprofissionais, que possam enriquecer a elaboração dos códigos. Outro problema é que muitas vezes os códigos são conflitantes.

As proibições-tabu mais antigas e importantes são as duas leis fundamentais do totemismo: não matar o animal totêmico e evitar o comércio sexual com membros do mesmo clã totêmico. Essas duas proibições totêmicas nada mais são do que os dois desejos fundamentais do mito edipiano. Elas estão presentes também nos códigos religiosos, como no 5º Mandamento da Lei de Deus: "Honra teu pai e tua mãe para que se prolonguem os teus dias na terra, que o Senhor, Teu Deus, Te dá", que, em uma leitura edipiana, poderíamos dizer "não matarás o teu pai e nem te casarás com tua mãe".

Essas proibições possibilitam o desenvolvimento do ser humano, pois lhe permitem organizar a sua vida afetiva e cognitiva, tornando possível a sua socialização.

Claude Lévi-Strauss explica a ambiguidade existente em relação ao tabu do incesto, sustentando a ideia de que o ser humano, por ser biológico (isto é, produto da natureza) e ao mesmo tempo social (isto é, produto da cultura), lhe dá um caráter ambivalente. Podemos concluir que o ser humano está sujeito às leis naturais e culturais, que muitas vezes são conflitantes, como é o caso dos desejos incestuosos (naturais) e da proibição do incesto (cultural).

A Lei no incesto

O mérito de Lacan foi o de ampliar o conceito proposto por Freud de complexo de Édipo, pois ele não vincula esse complexo somente com o que ocorre com a criança, mas avalia a situação edípica como uma inter-relação familiar, na qual a criança está incluída.

Lacan conclui que a função do pai (a Lei) é a de interferir na relação diádica mãe-filho, e o pai passa a ter a função de separação dos membros dessa relação, permitindo que a criança encontre a sua identidade. Por esse motivo, o pai tem a função de impor a Lei que proíbe o incesto.

Graças a essa primeira lei constitutiva da família, o ser humano pode evoluir e socializar-se, portanto essa primeira proibição permite que a criança apreenda o significado de limites, ou seja, que não lhe é permitida a satisfação de todos os seus desejos.

Ocorre que essa primeira lei muitas vezes não é ensinada à criança, ou por algum motivo a criança não a aceita. Nessas situações, consideramos que o sistema judiciário será quem deve tomar para si a função de um pai social. Nem sempre o pai biológico e o pai social são os mesmos.

Sabemos que, apesar da existência desse tabu, ele é violado por um número bastante considerável de famílias; por esse motivo, a nossa sociedade deve criar outro tipo de sistema para cuidar das famílias incestuosas e de suas vítimas. Justamente pela dificuldade que alguns indivíduos têm em reprimir as suas pulsões incestuosas, deveríamos criminalizar o incesto, protegendo dessa maneira as suas vítimas, como fizeram as sociedades primitivas por meio dos contos infantis, de seus mitos e de suas religiões.

As leis sob diferentes formas foram transmitidas oralmente, durante milhares de anos, pois a escrita data do IV milênio a.C. O mais antigo código escrito pelos humanos de que se tem conhecimento é o Código de Hamurabi. Nele se estabelece uma espécie de matrimônio monogâmico e de família patrilinear (Fernandez de Castro, 1990).

Entendemos por lei moral, ou código moral, uma norma ou um conjunto de normas que usualmente têm por finalidade ordenar um conjunto de direitos e deveres dos indivíduos e da sociedade, e que só se torna possível pôr em prática se uma autoridade (Deus, juiz, superego) tiver o consentimento social para poder impô-la.

As proibições impostas pelos deuses podem ser observadas nos livros sagrados de cada religião, as proibições impostas pela sociedade podem ser observadas no indivíduo, e as proibições impostas pelo superego são proibições sociais que foram introjetadas.

O que é proibido aos seres humanos, na Bíblia, assim como em todos os livros sagrados anteriores e posteriores, são o adultério, a pedofilia, o incesto e a zoofilia (Misn & Sahn, 1990).

Esses modos de relação sexual, em algumas religiões, foram permitidos aos seus deuses ou foram permitidos a pequenos grupos no início de sua evolução social; já em algumas sociedades, eles são permitidos aos seus imperadores, que são os representantes de Deus na terra.

O Código de Hamurabi, que derivou provavelmente das leis sumérias (3500 a.C.), codifica quatro tipos de incestos e os penaliza de maneiras diferentes: o incesto pai-filha, com a pena de morte ao pai; o incesto com a nora antes do matrimônio, com o impedimento do matrimônio; o incesto com a nora após o matrimônio, com o pagamento de certa quantia e devolução da noiva à sua família de origem para que ela possa se casar com outro; e o incesto com a mãe após a morte do pai,[6] com a queima do filho (Kadish, 1983).

Podemos observar que os sumérios já possuíam a noção de que a família devia ser protegida, embora não tivessem um sistema penal mais humanizado, pois eles utilizavam os princípios da "lei de talião".

Antigamente, os códigos foram escritos por seres iluminados, como Hamurabi, Maimônides, Confúcio, ou algum jurista. Atualmente, consideramos que a elaboração de uma lei ou de um código, em razão da atual percepção da complexidade do ser humano, já não pode ser obra de exclusiva competência dos juristas, mas, sim, de equipes multidisciplinares.

O nosso Código Civil, diante da problemática dos casamentos incestuosos, manifesta-se proibindo-os – o que é contraditório, pois em nosso Código Penal o incesto não é considerado crime. Ora, se nós não podemos nos casar com nossos parentes, pois é considerado imoral, por que podemos ter relações sexuais com eles sem que sejam consideradas ilegais?

O Código Civil brasileiro, em seu artigo 183, diz que estão impedidos de se casar: os ascendentes com os seus descendentes, e os casamentos com colaterais de terceiro grau somente podem ocorrer com a aprovação médica.

O Código Penal Brasileiro não penaliza o incesto, ele o considera apenas um agravante de pena dos crimes contra os costumes, em seu artigo 226: "A pena é aumentada de quarta parte"; parágrafo

---

6 É o incesto descrito no mito de Édipo.

II: "Se o agente é ascendente, pai adotivo, padrasto, irmão, tutor ou curador, preceptor ou empregador da vítima ou por qualquer outro título tem autoridade sobre ela". Os legisladores apreenderam o conceito de função paterna, mas não o utilizaram de uma maneira coerente, não legislando para penalizar o incesto, pois é na proibição desse tipo de relação que a função paterna se torna primordial.

O incesto também não é um crime autônomo na Turquia, em Portugal, em Luxemburgo, na Bélgica, na Espanha e na França, e o código penal desses países considera a violação do tabu do incesto um agravante de um crime sexual. Mas a Itália, a Inglaterra, a Suécia, a Suíça, a Alemanha, a Noruega, a Dinamarca e os Estados Unidos qualificam o incesto como um crime autônomo (Amet, 1983; Kadish, 1983).

Entendemos ser uma das principais funções do Estado a de promover o bem de todos, como um pai social, permitindo a todos os indivíduos um respeito social, normatizando os seus direitos e deveres. Isso pode ser observado no artigo 5º da nossa Constituição, que reza: "Ninguém será obrigado a fazer ou deixar de fazer alguma coisa senão em virtude de lei".

Pelo fato de que ninguém será obrigado a deixar de fazer alguma coisa senão em virtude de uma lei é que devemos rever a posição tomada pelos legisladores, em relação a não criminalizar o incesto, em nosso Código Penal.

No nosso entender, a questão do incesto deve ser tratada pelo nosso Código Penal não apenas como um agravante de um crime sexual. Por tudo o que já dissemos, torna-se evidente que o incesto não é apenas uma variação de um crime contra os costumes, uma vez que a relação incestuosa não permite que o indivíduo se estruture, além de não permitir a estruturação simbólica das funções familiares.

Explicando melhor, um estupro e um estupro cometido pelo pai não são somente variações de um crime contra a liberdade sexual, são dois tipos de crimes diferentes, tendo em comum apenas o abuso e a relação sexual. As suas motivações são totalmente diferentes em cada caso, e as suas consequências na vítima também são muito diferentes. Devemos levar em consideração que no caso de incesto toda a família está envolvida, direta ou indiretamente, já no estupro, pelo fato de ser um abuso sexual extrafamiliar, a estrutura familiar pode não sofrer as consequências desse tipo de violência. A nossa sociedade está mais preparada para lidar com a violência social do que com a violência intrafamiliar, por isso devemos começar a nos preocupar com esse tipo de agressão.

O incesto é, sem sombra de dúvida, uma violência sexual grave, mas é também uma violação contra a família, pois, além do dano físico e da desestruturação psíquica que causa em sua vítima, é um atentado contra o casamento, contra o estado de filiação e contra a estrutura familiar. Consequentemente, de acordo com o nosso ponto de vista, o incesto deve ser considerado um crime autônomo, pois é um crime com atributos próprios. Mas, além de caracterizá-lo como um crime autônomo, deveríamos inseri-lo em nosso Código Penal no capítulo dos crimes contra a família.

Em todos os casos, sempre que fosse constatado esse tipo de crime, deveríamos tornar obrigatória a avaliação do estado mental de seu infrator, de sua vítima e da família, por uma equipe multiprofissional, com a finalidade de transmitir ao juiz um parecer.

A pena deveria ser sempre uma medida de assistência educativa ou uma medida terapêutica, e a assistência poderia ser ao indivíduo ou também poderíamos estendê-la como uma medida terapêutica para a família.

Vamos mostrar, a seguir, como outros países lidam com a questão do incesto em seus códigos.

O Código Rocco, adotado na Itália em 1931, somente condena o ato incestuoso se ele for considerado de "escândalo público", punindo então o seu infrator com reclusão de dois a oito anos (Ferracuti, F., 1988).

Na Inglaterra, em 1956, foi aprovado o *Sexual offences act*. Em sua seção 10, incrimina o homem que tenha relações sexuais com uma mulher que ele saiba ser sua filha, neta, mãe, irmã legítima ou por afinidade; e na seção 11 dispõe das mesmas penalidades para a mulher que tenha mais de dezesseis anos. A pena máxima é de sete anos se um homem comete incesto com uma menina maior de treze anos, porém, se ela for menor de treze anos, será condenado à pena de morte (Ferracuti, F., 1988).

Na Suécia, a legislação de 1864, ainda vigente, proíbe as relações sexuais entre ascendentes e descendentes diretos, e entre membros da mesma família biológica (Giannini, 1967).

Na Suíça, o Código Penal de 1939 condena o incesto como um crime autônomo. Na Noruega, o Código Penal de 1902 também condena o incesto. Já na Alemanha, a legislação prevê penas de até cinco anos para os ascendentes e até dois anos para os descendentes que cometam um ato incestuoso, e, além da prisão, o tribunal pode sancionar a perda dos direitos civis (Giannini, 1967).

Na Dinamarca, o código, de 1930 (artigo 210), coloca o incesto entre os "crimes contra a família" e condena o ato incestuoso, com penas de seis meses a seis anos de prisão (Giannini, 1967).

Nos Estados Unidos, a *common law* (lei consuetudinária) condena o incesto como um delito grave, mas a sua penalização muda de estado para estado, variando de um a vinte anos de prisão (Hughes, 1964; Masters, 1963).

O Comitê Europeu de Problemas Criminais, em 1981, afirmou que as penas contra o incesto devem ser severas quando o autor, para conseguir favores sexuais incestuosos, se utilize de violência física ou psíquica, ressaltando, porém, que essas penas severas não se justificam quando a vítima for um adulto e não houver violência (Ferracuti, F., 1988).

Deveríamos questionar a posição tomada pelo Comitê Europeu de Problemas Criminais, pois: será que podemos considerar as pessoas que têm uma relação incestuosa como adultas do ponto de vista mental? Ou, então, será que deveríamos considerar esse tipo de relação algo em que não houve nenhum tipo de violência psicológica, consciente ou inconsciente?

Para Arnaldo Rascovsky (1971), a interdição do incesto produziu:

1. A institucionalização da exogamia e a ampliação do grupo social, incluindo o deslocamento de uma dependência primitiva dos pais para a comunidade.
2. O desenvolvimento e a organização da sublimação, que implica deslocamento das tendências instintivas proibidas para as atividades que multiplicaram a expressão criativa e laboral humana.
3. A transmissão de experiências e os aprendizados adquiridos pelas gerações anteriores e a participação do grupo total na cultura infantojuvenil.

O trauma do incesto

As vítimas do incesto podem senti-lo como um equivalente mental (simbólico) da morte biológica, ou seja, como uma aniquilação interna das estruturas psíquicas, ficando por esse motivo impedidas de crescer e de transformar sua vida mental. É a interdição do incesto que possibilita ao ser humano passar de uma condição em que existe apenas a excitação e o desejo de satisfazê-la (princípio do prazer), como uma fantasiada pré-genital, para outra em que predomine a excitação genital, ou seja, em que a pulsão possa cumprir o seu desejo (princípio de realidade). A repressão desse desejo conduz a criança à maturidade, permitindo-lhe alcançar a cultura nas famílias exogâmicas.

A resolução do complexo de Édipo, por sua vez, leva a criança a vivenciar a morte simbólica da endogamia e o seu nascimento para uma sociedade exogâmica, que incrementa no indivíduo a capacidade de sublimar e propicia a sua iniciação cultural. Esse processo de culturalização é iniciado pelos pais, dentro do núcleo familiar, e é deslocado para os professores,[7] durante o período escolar. Na puberdade, essas pulsões incestuosas, com os pais, são reavivadas, e esse é um dos motivos pelos quais o adolescente entra em conflito com a sua família. Os conflitos do jovem com os pais funcionam como um mecanismo de defesa de seus desejos incestuosos.

Devemos considerar que, inicialmente, as pulsões incestuosas constituem o fator sexual fundamental para o desenvolvimento da criança (afetivo-cognitivo), mas, para que o indivíduo se estruture como tal, é necessário que essa pulsão seja reprimida e sublimada, para que o ser (biológico) se humanize (psicossocialmente).

A função dos pais na repressão dessas pulsões da criança é fundamental, pois serão eles que permitirão que a criança possa criar o superego e estruturar o ego.

7 Esse tipo de relação sexual abusiva com um profissional, professor-aluno, profissional de saúde-paciente, padre-fiel, chefe-secretária, denomina-se incesto polimorfo, por ser emocionalmente um equivalente incestuoso.

A psicopatologia forense e o incesto

Pela capacidade da nossa espécie de simbolizar, de ter empatia, de compreender emocionalmente o outro, provavelmente somos a única espécie que se preocupa tanto com os seus semelhantes, por isso criamos diferentes estruturas e funções sociais para lidar com as nossas fragilidades, que podem ser de gênero, culturais, de classe social, da cor da pele etc., que serão protegidas pelo Estado, pela Igreja, pelos hospitais, entre outros. No entanto, é bastante provável também que o ser humano seja o único animal capaz de causar dor e sofrimento ao seu semelhante sem nenhum motivo aparente; com essa finalidade, são criadas diferentes estruturas sociais para proteger a sociedade desses indivíduos que possam causar sofrimento, por exemplo instituições de segurança pública como as prisões, os hospitais psiquiátricos etc.

A família, como instituição gerada para ser a célula do tecido social, pode ser uma instituição protetora do indivíduo, mas também pode lhe causar sofrimento.

As principais estruturas sociais que se destinam a lidar com a problemática do incesto são: a família, cuja função é dar proteção psicossocial ao ser humano e introduzi-lo na cultura; as instituições de saúde, que, por meio do profissional de saúde, lidam com a dor e o sofrimento de seu paciente (no caso de incesto, o agressor, a vítima e a família devem ser considerados como pacientes); e o Estado, que deve criar leis que possam proteger as vítimas dos seus agressores, atribuindo direitos e deveres a ambos.

A proibição do incesto é um fator estruturante da personalidade, portanto devemos considerar deficientes aqueles indivíduos que não atingiram tal transformação, ou que a atingiram e por algum motivo a perderam.

Precisamos considerar, também, que os profissionais da área de saúde, em colaboração com os profissionais que atuam na área da justiça, devem ocupar-se da problemática do incesto. Isso somente poderá ocorrer por meio do conhecimento científico das relações incestuosas, pelo conhecimento sobre saúde mental, estudando qual é o tipo de *pathos* da *psyché* que faz com que certos indivíduos não consigam reprimir essas pulsões e as atuem; por outro lado, cumpre ao Estado legislar por meio de seus códigos.

Com relação à compreensão do que é o ato incestuoso, a finalidade dos especialistas em psicopatologia forense é, por um lado, categorizar as diferentes formas de incesto para poder classificá-las e, por outro lado, conhecer os diferentes tipos de agressores e vítimas, bem como as famílias. Tendo assim um conhecimento suficiente dos fatos para elaborar o laudo, terá condições para informar se o agressor deve ser considerado doente mental ou se tem um distúrbio de personalidade. Deverá esclarecer também se a vítima, o agressor e as famílias necessitam de tratamento, informando ainda sobre que tipo de patologia existe no núcleo familiar.

O profissional de saúde mental deve também, por meio do conhecimento adquirido sobre a problemática do incesto, cooperar com o poder legislativo na elaboração de leis, além de ajudar a sociedade na sua prevenção.

Analisaremos a seguir as diferentes concepções do ato incestuoso, quanto às suas diferentes formas, quanto às características do autor, da vítima e da família, quanto às provas periciais e quanto à possibilidade terapêutica.

Formas de incesto

Precisamos separar o incesto propriamente dito, que é consumado na família nuclear, do incesto (não menos grave) que é cometido entre parentes afins, sobrinhos, cunhados etc. Existem, além do incesto entre consanguíneos, duas outras formas de relações incestuosas, o paraincesto e o incesto polimorfo.

O paraincesto, assim denominado por Merzagora (1986), é aquele verificado entre pessoas que poderiam ser consideradas parentes, ou seja, entre o amante da mãe e a filha desta, ou entre filhos que moram juntos, mas que são de pais diferentes.

O incesto polimorfo, por nós definido (Cohen,1992),[8] é um tipo de relação sexual em que alguém se utiliza do cargo ou da função que exerce para se impor sexualmente a um subalterno. Esse tipo de situação já é previsto no nosso Código Penal e é considerado um agravante dos crimes contra os costumes. Nós o consideramos um equivalente do incesto, pois observamos que nesse tipo de relação sexual está envolvido o poder do mais forte sobre o mais fraco, não ocorrendo, portanto, uma opção sexual, mas, sim, uma aceitação diante dessa imposição do poder. Por trás dessas relações, sempre existem fantasias incestuosas, embora em muitos casos o autor ou a vítima não tenham consciência disso.

Nomeamos esse tipo de relação como incesto polimorfo porque ela pode ocorrer nas mais diferentes formas de domínio que uma pessoa pode exercer sobre a outra, como na relação da

---

8 O crime de assédio sexual (Lei nº 10.224, de 2001) é o equivalente legal do que denominamos de incesto polimorfo. "Art. 216-A. Constranger alguém com o intuito de obter vantagem ou favorecimento sexual, prevalecendo-se o agente da sua condição de superior hierárquico ou ascendência inerentes ao exercício de emprego, cargo ou função. Pena – detenção, de 1 (um) a 2 (dois) anos."

professora com o aluno, do patrão com a empregada, do médico com a paciente, do líder do grupo com um de seus seguidores etc.

Evidentemente, a gravidade e as suas consequências sobre as vítimas, tanto no incesto propriamente dito quanto no paraincesto ou no incesto polimorfo, são bastante diferentes.

Focalizaremos aqui mais especificamente o incesto propriamente dito e o paraincesto. Não analisaremos o incesto polimorfo,[9] uma vez que são muitas as suas variáveis, e as suas consequências, ainda pouco estudadas.

a) Pai-filha: é a forma mais comum de incesto, e as vítimas normalmente têm entre 3 e 18 anos;

b) padrasto-enteada: geralmente a vítima está no período da adolescência, o ato incestuoso é precedido de atos voyeuristas e de condutas confusas e enganosas;

c) avô-neta: algumas vezes o avô já foi um pai incestuoso, mas em alguns casos o incesto ocorre como consequência de uma doença degenerativa do avô;

d) pai-filho: incesto homossexual. Nesses casos, geralmente o pai é pedófilo e homossexual latente, e se aproveita do temor de seu filho para poder satisfazer o seu instinto. Frequentemente, o pai é do tipo *padre padrone* e a mãe tem uma personalidade fraca;

e) tio-avô e neta: é pouco frequente, mas não é excepcional;

f) tio-sobrinha: é bastante frequente, e quando os dois forem maiores de idade deve ser respeitado como uma opção, mesmo que o consideremos uma forma de endogamia;

---

9 O estudo sobre o incesto polimorfo se encontra no livro *Bioética e sexualidade nas relações profissionais*, Cláudio Cohen (1999).

g) fraternal: os irmãos podem ser de sangue ou por adoção, provavelmente é o mais frequente, mas raramente é levado à justiça. Muitas vezes, é a única maneira que os irmãos encontram para conhecerem a sexualidade. É também uma forma de oportunismo do irmão mais velho, que é tímido demais para conseguir algum parceiro sexual fora de casa, e se aproveita dos irmãos menores. Nem sempre esse tipo de incesto pode ser considerado violento, mas não deve ser negligenciado, pois demonstra uma família sem nenhum tipo de controle sobre seus filhos. Geralmente, o pai é uma figura bastante ausente e de certa idade, e a mãe mostra uma atitude rígida e puritana em relação à sexualidade, com absoluta incapacidade de dar uma educação sexual aos filhos;

h) mãe-filho: é o incesto vivido por Édipo. Em nível emocional, esse desejo é universal, o que se proíbe é a atuação desses desejos. Ele é mais difícil de ser caracterizado pelo fato de a mãe ter maior acesso ao corpo da criança, e diferenciar o que é um cuidado de uma erotização é muito difícil;

i) mãe-filha e avó-neta: no nível emocional, os desejos de uma relação mãe-filha também são universais, embora a percepção de sua atuação seja muito difícil. Segundo Goodwin (1982), porém, acontecem com maior frequência do que se pensa. Eles ocorrem em situações em que a mãe adoece e a filha vai dormir com ela para cuidá-la, ou quando a filha adoece e a mãe vai cuidá-la. Isso também é válido para a relação avó-neta.

Características do autor do incesto

Entendemos que o autor de um ato incestuoso é uma pessoa com algum tipo de transtorno mental ou com um distúrbio da personalidade.

Quando o autor for diagnosticado como doente mental, será julgado inimputável e estará sujeito à medida de segurança, a menos que se encontre no período considerado como intervalo lúcido de sua doença; nesses casos, a lei o responsabilizará pelo seu ato. Mas, em ambos os casos, torna-se evidente a necessidade de que ele seja submetido a uma psicoterapia.

As doenças mentais que mais comumente podem levar um indivíduo a cometer um ato incestuoso são:

a) psicose – deve ser investigada em todos os casos;

b) debilidade mental – normalmente esse incesto ocorre quando o autor se encontra em casa sozinho com a vítima que está indefesa, e, geralmente, provoca reações sociais muito violentas por parte dos vizinhos, pois esse tipo de incesto pode ser muito cruel;

c) alcoolismo ou toxicomania – é bastante frequente, pois esses indivíduos muitas vezes já não têm parâmetros morais, devido algumas vezes ao próprio vício;

d) demência senil – pode ser observada nos incestos avô-neta.

Quando o autor de um ato incestuoso for avaliado como uma pessoa com um distúrbio da personalidade, ele será considerado semi-imputável pelo sistema vicariante, sendo julgado pelo juiz como imputável (mas terá a sua pena diminuída) ou como inimputável (e estará sujeito à medida de segurança, ou seja, ficará detido enquanto não houver atenuação da periculosidade).

Nos casos de incesto em que os autores foram julgados como semi-imputáveis, os distúrbios da personalidade mais frequentes são:

- os considerados *padre padrone*: muitas vezes se mostra esse tipo de personalidade violenta dentro de casa, mas socialmente tais pessoas são vistas como calmas e submissas ou supermoralistas (personalidade obsessiva-compulsiva);
- as personalidades impulsivas: normalmente são pessoas consideradas amorais (personalidade antissocial), ou imorais (personalidade dissocial), ou com algum distúrbio psicossexual da personalidade (parafilia).

Características da vítima do incesto

Em razão do poder social que o autor do ato incestuoso tem sobre a sua vítima e da forte pressão psicológica do autor, muitas vezes não se consegue diferenciar se o ato foi consequência de uma ameaça velada, uma imposição, um ato de condescendência ou um desejo do autor.

Nesse estranho jogo de poder, frequentemente a vítima, em razão do trauma que lhe causa o ato incestuoso, sente-se culpada e responsável por ele. Além disso, ela está atemorizada pelo seu agressor, que é um adulto, e muitas vezes tem medo de que sua denúncia não seja levada em consideração. A nossa sociedade, em geral, não está acostumada a escutar e a levar a sério o que as crianças dizem: frequentemente consideramos o que elas dizem apenas como fantasias infantis, enquanto pensamos que os adultos são indivíduos bons para os seus filhos e que sempre estão dizendo a verdade. Esse preconceito provém da ideia de que todas as famílias são boas para os seus membros: a "sagrada família".

Podemos classificar as vítimas de incesto segundo o seu grau de tolerância a ele ou segundo o seu grau de evolução mental e psicossocial (Duché, 1981). Segundo o grau de tolerância da vítima:

a) incesto aceito por terror;

b) incesto aceito, mas perdurando um conflito;

c) incesto integrado, sem conflito e sem sintomas aparentes. Nesses casos, porém, faz-se uma ressalva, pois acredita-se que o incesto integrado sem conflitos e sem angústias não existe.

Segundo o seu grau de evolução mental e psicossocial:

a) se for criança, consideramos uma agressão violenta, pois, mesmo que não haja violência física, o ato incestuoso quase sempre é aceito pela criança por terror;

b) na adolescência, é frequente que a jovem seja acusada de ter seduzido o seu agressor. A relação incestuosa pode ser aceita por terror ou com conflitos, conforme a estrutura de personalidade da vítima;

c) se for adulta e não for considerada uma pessoa com doença mental ou com um distúrbio da personalidade, deve ser respeitada como uma opção sexual, mas compartilhamos da visão sobre a irrealidade do incesto integrado.

As consequências do incesto são sempre sérias, mesmo que a vítima não tenha consciência delas, pois muitas vezes os sentimentos inerentes ao ato incestuoso são negados ou reprimidos. As vítimas estão sempre estressadas e algumas vezes apresentam problemas de conduta, como insônia, dificuldades alimentares, mau rendimento escolar, manifestações obsessivas, fóbicas, enurese, encoprese, problemas psicossomáticos e transtornos psicóticos.

Nas crianças, há um aparecimento precoce da sexualidade genital; nas adolescentes, a menarca é vivida com uma reação violenta de vergonha (o sangue é vinculado ao incesto e sentido como um castigo, sinal de uma ferida indelével) (Duché, 1981).

Para Finkelhor, o fato de que a pessoa que propõe o incesto é justamente a que deveria ensinar o que é o bem e o que é o mal torna o incesto um ato violento do ponto de vista psicológico (Finkelhor, 1980).

Acrescentamos que é justamente a pessoa da confiança da vítima quem a traiu, portanto ela passará a ter uma enorme desconfiança do mundo, além de se sentir impotente diante do poder exercido pelo seu agressor.

Finalmente, colocaríamos a questão da confusão de funções que se cria na vítima e na família no que tange à noção de relação das funções familiares.

Características da família incestuosa

Consideramos o incesto um ato destrutivo, que atrapalha e desestrutura a família. Devemos também considerá-lo não apenas uma relação sexual entre duas pessoas, mas uma relação que nasceu em razão da ausência de uma estrutura familiar que pudesse contê-la.

Frequentemente, o incesto ocorre em famílias nas quais existe uma colaboração, consciente ou inconsciente, dos outros membros da família. O incesto pode ser considerado, assim, o sintoma de uma crise da estrutura familiar.

Quando uma família passa a aceitar e a conviver com as relações incestuosas, ela reformula os papéis e as funções de pai, mãe e filhos; por exemplo, no mito de Édipo, ele foi filho e marido de

Jocasta, irmão dos seus filhos, sobrinho e cunhado de Creonte, neto e genro de Meneceu etc.

John Borneman diferencia dois tipos de incesto:

a) incesto despótico – é aquele consumado pelo pai que chega em casa alcoolizado e violenta sexualmente sua filha, que está a seu alcance, pois a mãe geralmente é uma pessoa fraca e submissa. Pode ser um ato relativamente isolado e acompanhado de brutalidade, pois frequentemente a vítima é muito jovem para se defender. Para a mãe, é uma maneira de se livrar do marido;
b) incesto marital – é aquele no qual a filha mais velha toma o lugar da mãe, que morreu ou está muito doente ou ausente. A filha passa a ter o controle da família, educando os irmãos, administrando o orçamento familiar e ocupando o leito conjugal. Nesses casos, pode instaurar-se uma relação afetiva. O pai não consegue superar a morte da esposa, identificando-a na imagem da filha.

O tipo de aproximação da terapêutica familiar terá de ser diferente em cada caso. Mas em todos eles devemos responsabilizar a família como um todo, e não somente o agressor e a sua vítima, pois toda a família é conivente com essa situação (Borneman, 2012).

Perícia

A finalidade da perícia é a de poder esclarecer ao juiz sobre fatos que ajudem a elucidar um caso que está sendo julgado.

As perícias dos casos de incesto trazem consigo diversos problemas específicos da psicopatologia forense, mas que devem ser avaliados também por outras áreas da medicina legal, incluindo a sexologia forense.

Nesse tipo de perícia, os técnicos devem ser especialistas muito experimentados para fazer tais avaliações, pois o que ocorre em muitos casos é que a perícia passa a ser vivida pelas vítimas como um outro tipo de violência. Muitas vezes, elas se sentem humilhadas por terem de expor a mesma história na delegacia, para o perito e no tribunal. O que ocorre com certa frequência é que são feitos às vítimas uma série de perguntas e exames constrangedores, às vezes até desnecessários, mas que geralmente são inevitáveis para que se possam ter os elementos necessários para a sua prova.

No entanto, obter a prova de que houve violência sexual na relação incestuosa é uma incumbência muito difícil que o perito recebe, pois normalmente a denúncia é feita muito tempo após o fato e as evidências do ato não podem mais ser reconhecidas; e, nos casos em que deve ser comprovada a violência psicológica, isso se torna ainda mais difícil.

Na perícia médico-legal do incesto, o teste de gravidez e a verificação da presença de doença venérea deveriam ser rotineiros, mas ainda mais fundamental seria incluir nos procedimentos de rotina uma avaliação do estado mental da vítima, do autor e da família.

No entanto, a lei frequentemente está mais voltada para os fatos objetivos, como lesões decorrentes da violência física, do que para os dados subjetivos que possam ser fornecidos por meio das avaliações feitas pela equipe de saúde mental. Observamos que esse mesmo tipo de postura ocorre também com a equipe médica que faz a perícia de incesto, ou seja, ela não leva em consideração as consequências do trauma psíquico sofrido pela vítima.

Existe uma negação (inconsciente) por parte dos delegados, dos advogados e dos peritos para avaliar as vítimas da violência sexual sobre as questões psicológicas e sociais referentes ao incesto.

A equipe de saúde mental deve investigar certas variáveis para qualificar o tipo de incesto e avaliar as suas consequências. Esse procedimento deveria versar sobre:

a) grau de parentesco e idade da vítima e do agressor;
b) maneira como foi perpetrado o ato incestuoso, se em clima de violência ou em condições de complacência;
c) tempo de duração do vínculo incestuoso e tempo de duração do ato incestuoso;
d) se houve aborto, ou se houve algum contágio venéreo;
e) o comportamento sexual do casal;
f) se foi acobertado pela mãe ou se houve denúncia por parte de algum familiar;
g) condições econômicas da família, no caso de prisão do pai;
h) possibilidade de simulação, ou dissimulação, produto de uma doença mental ou para a obtenção de algum benefício secundário.

Esse tipo de avaliação pode auxiliar no julgamento e a equipe multiprofissional em relação ao tipo de terapêutica que deverá adotar.

Abordaremos, a seguir, algumas questões éticas referentes ao incesto.

Quando um profissional da área da saúde, médico, psicólogo, assistente social, psicanalista, no exercício de sua função, toma conhecimento de algum ato incestuoso, frequentemente, mesmo sabendo da gravidade do fato, prefere não fazer uma denúncia à justiça, com receio de prejudicar a coesão familiar, escondendo-se atrás do direito ao segredo profissional.[10]

A violação do tabu do incesto envolve uma questão ética a ser considerada justa causa para a quebra do sigilo profissional.

Muitas vezes, os psicoterapeutas têm a tendência de considerar o incesto como uma fantasia de seu paciente quando este relata em sessão algum ato incestuoso, pois frequentemente é muito difícil diferenciar se essa comunicação é real ou fantasiada. Mas essa posição do psicoterapeuta provoca um sentimento de insegurança no paciente, que tende a perder a confiança no terapeuta (Goodwin, 1982; Merzagora, 1986).

Discriminar entre o que é real e o que é fantasia do paciente é uma questão que traz alguns problemas na psicoterapia. Por outro lado, muitas vezes os médicos ou os educadores podem ter dificuldade em perceber uma pessoa que foi abusada dentro da família, principalmente se não houver denúncia formal. Nesses casos, é necessário investigar mais profundamente algum tipo de sintoma, como: se uma criança começa a ter problemas de comportamento, se seu rendimento escolar cai, atos promíscuos, sintomas psicossomáticos ou depressão, distúrbios do sono, enurese e medo do escuro.

Esses sintomas isolados servem para alertar que algo anda mal com a criança. No entanto, quando surgir esse tipo de sintomatologia, a indagação sobre a possibilidade de um relacionamento incestuoso não deve ser feita por meio de perguntas diretas para a criança, pois ela pode negá-lo por causa do medo ou de forte emoção.

---

10 A partir de 1990, o Estatuto da Criança e do Adolescente (ECA) legisla sobre a obrigatoriedade da denúncia.

Terapêutica

Tendo em vista os danos psíquicos e sociais que o incesto provoca na família, devemos pensar em tratar a vítima, o autor e a própria família.

Mas ocorre que, no momento da denúncia de algum crime contra a honra, ou, pela atual legislação, crimes contra a liberdade sexual, normalmente é aberto um inquérito contra o autor, com o intuito de que ele seja condenado à prisão. O autor do estupro vai para a cadeia, e, no caso de incesto, além de não poder mais manter a família economicamente, não terá chance de tratar o seu transtorno social ou a sua doença mental.

O indivíduo incestuoso, quando preso, normalmente é repudiado pelos outros presos, e, por esse motivo, ele é isolado na cadeia para que não seja molestado sexualmente. Além disso, quando for excarcerado, dificilmente conseguirá encontrar trabalho, assim como ocorre com outros criminosos. A ação legal tem, portanto, um efeito devastador na família (Barry, 1985).

Essa discriminação que os próprios presos fazem em relação ao autor do ato incestuoso, e que depois a sociedade referenda, nos faz pensar que o incesto é uma violação social muito diferente das outras dispostas pelo Código Penal. É por esse motivo que devemos caracterizá-lo e tratá-lo de modo particular, penalizando o incesto como um crime contra a família, além de oferecer medidas terapêuticas para toda a família.

Nos casos de relacionamentos incestuosos em famílias que têm os pais simbióticos, a terapia será aceita com maior facilidade, e poderá ser feita sob liberdade condicional. Em outras situações, como nos casos em que o autor tem uma personalidade antissocial, este pode simular a aceitação do tratamento, portanto é aconselhável que o tratamento seja feito durante a sua reclusão (Barry, 1985; Merzagora, 1986).

Quanto mais rápida for a intervenção terapêutica, tanto melhor será o seu prognóstico, pois a sua demora tende a cristalizar a situação familiar, que muitas vezes passa a considerar o incesto uma opção válida.

A vítima, por sua vez, muitas vezes é afastada da família após a comprovação do ato, o que se dá por meio do exame médico-legal. Às vezes é levada para a casa de parentes, outras vezes é entregue a uma instituição, como a Fundação CASA.[11] Quando a vítima é afastada da família, ela se sente culpada, rejeitada e castigada. Devemos pensar sempre em algum tipo de tratamento para ela, que normalmente tem tendência a confundir sexo com afeto, pois foi o que vivenciou na relação incestuosa.

Em muitos casos, as vítimas do incesto são acusadas pela família de serem a causadora da desgraça que levou à desestruturação familiar, sendo consideradas perigosamente sedutoras, enquanto o autor é visto como um fraco que sucumbiu a esses encantos. Esse tipo de inversão acerca da autoria do ato incestuoso mostra o quanto é angustiante para a família a existência de uma relação incestuosa, e, por esse motivo, ela precisa encontrar um culpado, o bode expiatório, que frequentemente é aquele que tem menos poder.

Jean Goodwin (1982) propõe diferentes tipos de tratamento segundo a idade da vítima. Nos casos de incesto envolvendo crianças com menos de 4 anos, pensamos em um grande transtorno mental do autor, que deve ser afastado da família, e a mãe precisa ser sensibilizada para que aprenda a cuidar melhor de seu filho, passando a assumir a função de mãe que cuida. A ludoterapia pode ajudar muito as vítimas de incesto que ocorreu na idade

---

11 Centro de Atendimento Socioeducativo ao Adolescente.

pré-escolar, pois elas podem mostrar por meio dos jogos todas as angústias causadas pelo trauma e que ainda não conseguem traduzir em palavras. Para as vítimas de incesto que se encontrem no período de latência, podemos pensar numa psicoterapia, devendo ser levados em consideração os sonhos, os desenhos e os jogos. Quando o trauma sexual se transforma em fantasia de jogo, pode-se pensar em elaboração por parte do paciente. Quando a vítima for adolescente, já podemos esperar que ela consiga falar de sua própria experiência, podendo analisar os detalhes sexuais do incesto e seus sentimentos sobre o autor. Para a vítima adulta, torna-se importante avaliar que tipo de vínculo ela possui com o autor e com a sua família (Goodwin, 1982).

Em todos os casos, consideramos fundamental a terapia do grupo familiar.

A família, diante da revelação do ato incestuoso, fica bastante desestruturada emocionalmente. Mudanças de local de residência e dificuldades econômicas sérias são frequentes após a prisão do pai, e, nessas circunstâncias, pode ocorrer que algum outro membro da família acabe sendo responsabilizado pelo caos familiar que se estabeleceu.

Conforme afirma Barry (1985), o relacionamento incestuoso é apenas a atuação de uma situação familiar patógena mais profunda, por isso, para lidar com esse problema, a primeira etapa de seu tratamento ocorre no momento em que a família admite que ele ocorreu, sendo seguido por uma crise familiar pela sua revelação, para que, finalmente, possa haver um auxílio externo.

Nos Estados Unidos, em 1971, numa tentativa de tratar o problema do incesto, foi fundada a Parents United, que tem um programa para enfrentar essa problemática. Eles atuam na área jurídica e na terapêutica, pedem que o culpado confesse e seja condenado. Ele é libertado, mas o tribunal o proíbe de ter contato com a família durante um determinado período no qual é obrigado a se submeter a tratamento, oferecendo ao mesmo tempo tratamento para a família.

O objetivo desse tratamento é tentar compor as funções familiares, o que pode ocorrer depois de alguns meses de terapia, e a vítima fica poupada de comparecer ao tribunal para depor contra um familiar (Barry, 1985). Existem 46 programas de Parents United, mas o mais avançado é o do condado de Santa Clara, na Califórnia, que funciona há décadas. A entidade Parents Anonymous tem um programa similar.

Tanto os programas da Parents United quanto os da Parents Anonymous detêm uma elevada porcentagem de sucessos, tendo apenas 5% de recidivas (Barry, 1985; Merzagora, 1986).

Atualmente, temos na Europa algumas entidades que estão trabalhando com os problemas inerentes ao incesto, como o SOS lnceste, na França, e o Telefono Azzurro, na Itália.

Nesses casos, a autoridade legal deve funcionar como um "pai" substituto, recolocando a ordem familiar, e, para efetuar essa ordenação, pode-se pensar em punição ou em tratamento.

11. Atendimento às famílias incestuosas

O abuso sexual intrafamiliar é a forma de abuso mais comum dos casos de violência sexual denunciados. Eles evidenciam um problema complexo tanto no âmbito social quanto no individual. A maneira utilizada para lidar com esses casos, como a que tipo de serviço recorrer, quem deve ser tratado e quem deve ser punido, ainda é pouco conhecida até por profissionais das áreas afins.

Com a finalidade de entender e atender melhor esse fenômeno, que é universal, criamos o Centro de Estudos e Atendimento Relativos a Abuso Sexual (CEARAS) em 1993 junto à Faculdade de Medicina da Universidade de São Paulo (FMUSP), ligado ao Departamento de Medicina Legal, Ética Médica e Medicina Social e do Trabalho.

O CEARAS é o produto do doutorado prestado no Instituto de Psicologia da Universidade de São Paulo (IPUSP) e do exercício como livre-docente do Departamento de Medicina Legal e Ética Médica da FMUSP.

Tendo em vista a especificidade que as relações incestuosas têm, o CEARAS optou pelo atendimento somente a casos de abuso sexual intrafamiliar. O CEARAS atende exclusivamente famílias incestuosas que previamente tenham denunciado ou tenham sido denunciadas à Justiça em razão de ocorrência de abuso sexual entre seus membros.

Nesse sentido, a maioria dos encaminhamentos ao CEARAS é feita pelos juízes das Varas da Infância e Juventude dos Foros Regionais do Município de São Paulo ou de cidades próximas. O contato direto com as famílias e mesmo com os profissionais do CEARAS para esse encaminhamento é feito pela equipe técnica das Varas.

O CEARAS se caracteriza pelo atendimento em psicoterapia do grupo familiar e pela articulação com a Justiça. Priorizamos o atendimento psicoterápico familiar por compreendermos que o incesto é um assunto de família, pois envolve afetivamente toda a família.

Entendemos que, do ponto de vista psicanalítico, essa visão subjetiva do incesto é mais abrangente do que se focarmos apenas a observação concreta da relação sexual abusiva entre os membros do grupo familiar. Já o vínculo com a Justiça se baseia na importância da imposição da lei social sobre as famílias disfuncionais, pois ela não foi respeitada.

A imposição das leis sociais sobre a lei da família veio modificar o conceito de sagrada família, como algo sempre bom, portanto intocável, pelo conceito de família como a célula do tecido social. Portanto, a família deverá ser tutelada pela sociedade, que, a partir das leis, irá trazer os direitos e impor os deveres para a função da instituição familiar.

A denúncia como pré-requisito ao atendimento se deve ao fato de que, por um lado, ela nos dará a possibilidade da busca do limite externo, e, por outro lado, há um movimento interno familiar para a quebra do segredo familiar, o que viabiliza o processo terapêutico, pois demonstra a confiança nas instituições.

Nos casos da ausência de denúncia judicial da relação abusiva, ela deverá ser feita pelo terapeuta quando tomar conhecimento do abuso envolvendo crianças e adolescentes, como determina o Estatuto da Criança e do Adolescente (ECA), porém essa denúncia, que serve como uma proteção social, frequentemente compromete o vínculo de confiança necessário ao atendimento psicoterápico.

Visto que entendemos o relacionamento incestuoso como uma transgressão à lei social que institui as funções simbólicas da família, acreditamos que a possibilidade de sua percepção e elaboração durante a terapia esteja estreitamente ligada à inserção na cultura. Assim, os familiares que chegaram ao CEARAS foram encaminhados pelo fórum, onde existe um processo aberto referente à relação abusiva, já que a Justiça atua como o representante social para a aplicação das leis.

Em razão da insuficiência de leis para lidar com os relacionamentos incestuosos, as principais vias de encaminhamento são as Varas da Infância e da Juventude, ou seja, as famílias denunciadas são aquelas que têm crianças e/ou adolescentes envolvidos.

As famílias que chegam ao CEARAS, por serem encaminhadas pelo fórum, em sua maioria, não têm uma demanda própria de terapia, e muitas vezes desconhecem ou não acreditam na eficácia do atendimento terapêutico em saúde mental.

O atendimento do CEARAS é visto, por essas famílias, como uma punição ao "ato socialmente reprovável" que cometeram, e elas geralmente dissociam as relações familiares, apenas entendem essa relação com base no conceito de "vítimas" ou "agressores"; porém o que observamos é que elas atuam como famílias disfuncionais, não respeitando as funções familiares.

A oportunidade de atender as famílias em processo terapêutico na tentativa da elaboração da dinâmica familiar nos permitiu observar a participação de todos os membros da família que se mantêm disfuncionais, preservando as relações incestuosas, o que nos permite notar outros abusos que não foram denunciados.

Entre os abusos não denunciados, o principal é aquele cometido entre mães e filhos, que se configura por uma estimulação sexual excessiva dos filhos, que é racionalizada como um excesso de cuidados. Por serem responsáveis pela erotização necessária ao desenvolvimento do bebê, entendemos esse caso como um "incesto primário", necessário no início da vida da criança, pois tem a finalidade de estruturar o desenvolvimento do ser humano.

No entanto, muitas vezes as mães, com dificuldade de impor os limites a esse relacionamento onipotente, o perpetuam, pois ele é prazeroso para ambos. Esse tipo de relacionamento abusivo denominamos de "incesto secundário", pois o consideramos incestuoso, que é diferente do incesto primário necessário para a capacidade de simbolizar. Essa erotização primária deve ser interrompida, e o fim e o objeto da pulsão, transformados na busca do outro que irá culminar na exogamia.

O uso perverso da erotização não permite reprimir a sexualidade pré-genital necessária ao desenvolvimento mental para a estruturação do indivíduo. Esse abuso sexual materno tão grave é prejudicial ao desenvolvimento psicossocial do indivíduo, e muitas vezes não é denunciado por não ser percebido como abusivo, e isso ocorre em razão do acesso quase ilimitado dado à mãe em relação a seus filhos.

A sociedade não tem essa mesma percepção do pai que cuida da higiene do filho, colocando em dúvida a intenção de certos cuidados de higiene da criança, mas eles são permitidos à mãe.

Embora o abuso sexual cometido pelas mães seja pouco denunciado (cifras obscuras), observamos alguns dados que contribuem para confirmar a participação das mães na dinâmica incestuosa. Essa participação pode ser observada por meio da omissão marcante e pela dificuldade de elas realizarem a denúncia das relações incestuosas ocorridas entre pai e filha(o) ou entre padrasto e enteada(o).

No entanto, esse tipo de denúncia é feito pela mãe mais por motivos outros, por exemplo separação do marido, do que pela gravidade do abuso sexual.

Nessa perspectiva, com a experiência do trabalho do CEARAS, buscamos realizar uma pesquisa para identificar os casos de abuso sexual atendidos no CEARAS (Cohen & Gobbetti, 2006).

No referido estudo, foram analisados 110 prontuários de família atendidas no CEARAS. Os dados foram retirados dos prontuários referentes à triagem, as informações fornecidas pelos pacientes durante a terapia não foram incluídas.

Analisar qualitativamente esses dados nos permitiu notar a existência de outras relações incestuosas além das denunciadas judicialmente, assim como observar o envolvimento não denunciado da mãe na dinâmica incestuosa da família.

Algumas dessas outras relações, que não foram as que motivaram a denúncia, não são denunciadas pela família, outras não são nem percebidas pela família como relações abusivas. Aliás, alguns tipos de relações incestuosas não são nem compreendidos socialmente como abusivas, com as que denominamos de incesto polimorfo, e nem mesmo as Varas da Família, da Infância e/ou Criminais os percebem dessa forma.

Dos 110 prontuários analisados, foram encontradas outras relações incestuosas além das denunciadas em 41% das famílias, reforçando o conceito de "famílias incestuosas"; em 49,09% das famílias, é a mãe quem faz a denúncia judicial, delatando o autor do ato incestuoso. As demais denúncias são efetuadas por outros familiares, hospitais, escolas, conselho tutelar ou, ainda, anonimamente.

Nas famílias analisadas, em 75,45% o pai ou padrasto foi o acusado judicialmente pelo abuso sexual. Tal dado persiste em quase todos os estudos em relação ao tema.

Dessas denúncias efetivadas, o casal já estava separado em 50% dos casos, já não havendo entre o casal de pais a guarda do segredo, e, em mais da metade restante, separarou-se pouco depois da denúncia. O percentual das mães que denunciam o atual companheiro é de apenas 21,6% do total.

Em 61% das vezes em que a mãe denuncia o companheiro, ela também faz queixas de que ele é usuário de álcool ou drogas. Tal dado confirma a existência de outras queixas da mulher em relação ao companheiro que são independentes do abuso sexual cometido contra os filhos.

Outro dado que confirma a hipótese do envolvimento da mãe na relação incestuosa é a duração da relação abusiva denunciada. Nas relações envolvendo o companheiro (pai ou padrasto), a duração das relações incestuosas estende-se mais do que alguns episódios, difíceis de serem vistos; a grande maioria tem a duração estendida por vários anos. O que nos mostra, por outro lado, como é difícil para a filha ou para o filho fazerem a denúncia.

Esses dados poderiam sugerir que fazer uma denúncia de abuso sexual contra o marido seria uma maneira de romper com um casamento debilitado. Assim, a denúncia do abuso sexual feita pelas mães apareceu mais como uma vingança contra o companheiro do que uma atitude de proteção aos filhos.

Nessa percepção, o diagnóstico aponta para uma necessidade de tratamento da família, e não apenas das pessoas judicialmente tratadas por vítima ou agressor. Com essa consideração sobre o abuso sexual cometido pelas mães, reforça-se a importância de tratamento da família como um todo em casos de incesto, pois o abuso sexual denunciado é apenas a manifestação social de uma família incestuosa.

Entendemos que o assustador do incesto, que acarreta a revolta e o afastamento das pessoas em relação a essas questões, é justamente um "reconhecimento inconsciente" de que se trata de uma proibição (problema) caracteristicamente humana(o), que nos introduz na cultura, sendo um processo que todos devemos elaborar, para não atuá-lo, e com o qual todos temos de lidar durante toda a vida. Torna-se menos ameaçador quando esse problema é projetado para fora num "monstro" não humano.

Assim, a contratransferência nesses casos é angustiante, pois toca nas motivações e nas percepções inconscientes de cada indivíduo. Transformar esse mal-estar em conhecimento será a nossa função.

12. Considerações finais

Cada vez mais divulgado pela mídia, os casos de incesto chocam a sociedade em geral. A forma mais utilizada de avaliação da situação pela sociedade (incluindo até os profissionais de saúde) é estigmatizar um "agressor", categorizando-o como "monstro", "animal" ou outros termos que afastem seu ato como uma possibilidade humana. No entanto, analisa-se muito pouco quais são as funções que não puderam ser estruturadas nas famílias incestuosas.

Devemos observar que o ser humano pode criar sistemas sociais que tanto podem proteger os seus membros com alguma deficiência física ou mental, assim como também podem destruir tanto o meio ambiente quanto os seus semelhantes. Podemos nos incorporar em um ou outro sistema social sem sermos movidos pela necessidade de sobrevivência, mas apenas para satisfazer alguma pulsão.

A sociedade, para colocar limites às pulsões tanáticas humanas ocorridas durante a Segunda Guerra Mundial, cria a Organização das Nações Unidas (ONU), que, por sua vez, cria a Declaração Universal dos Direitos Humanos, que alinha as pulsões eróticas humanas (pulsões de vida) com os seus princípios éticos de paz, liberdade e cidadania; em seu Artigo 16, reza: "os homens e mulheres de maioridade, sem qualquer restrição de raça, nacionalidade ou religião, têm o direito de contrair matrimônio e fundar uma família. Gozam de iguais direitos em relação ao casamento, sua duração e sua dissolução".

A declaração salienta a importância da não discriminação entre as pessoas, da importância da união entre elas, e da família para a construção da sociedade.

Será na família, célula do tecido social, que poderemos observar um dualismo emocional, amor e ódio (pulsão erótica), e em alguns casos a indiferença (pulsão tanática). No relacionamento familiar, poderemos procurar a nossa capacidade de construir ou de destruir.

A abordagem da problemática do incesto é muito complexa, pois não se trata unicamente de um "tabu", nem se trata apenas de penalizá-lo, trata-se de um ato humano ainda pouco estudado, o que o torna um assunto tabu. Assim, este livro tem como objetivo dar mais uma contribuição a esse tão importante tema.

O relacionamento incestuoso é uma questão individual e social vital. Poderemos observá-lo sob diferentes ângulos, incluindo o dos mitos, das religiões, das artes etc. Já com o aparecimento da escrita, surgiram os códigos com um discurso mais formal, e a proibição ao incesto também foi legislada. Essa normatização pode ser observada em nossa Constituição, quando se refere à proteção à família.

Vimos também que a problemática do incesto é tão grave que foram criadas instituições que se preocupam especificamente com essa questão, entre elas a SOS Inceste, na França; a Parents United, nos Estados Unidos; o Telefono Azzurro, na Itália; e o CEARAS e o NAVIS, no Brasil.

Ainda falta esclarecer à sociedade a complexidade e a relevância do tabu do incesto, para que ele seja mais bem compreendido e, consequentemente, haja uma aceitação de que o ato incestuoso é sempre um abuso de poder nas relações intrafamiliares; de que ele rompe com as relações de confiança entre os membros da família; de que as relações incestuosas impedem o indivíduo de se estruturar mentalmente, assim como de estruturar a noção de relação e de função familiar, pois não consegue simbolizar a concepção de família que foi instituída com as funções de estruturar o indivíduo e de proteger a família.

Por esses motivos, os legisladores deveriam avaliar a problemática do tabu do incesto como algo a ser elaborado juridicamente, permitindo à sociedade prover recursos para que todos possam ser protegidos, respeitando dessa maneira um direito fundamental de todo o ser humano.

A Declaração Universal dos Direitos Humanos, adotada e proclamada em assembleia geral da ONU em 1º de dezembro de 1948, em seu artigo 16, parágrafo 3º, reza: "A família é o elemento natural e fundamental da sociedade e tem direito à proteção da sociedade e do Estado". Portanto, essa é uma aceitação universal. Podemos dizer que a família tem pelo menos duas funções específicas, a da proteção psicossocial de cada um de seus membros e a de adaptação à cultura e a sua transmissão.

Mas, como a estruturação familiar depende da capacidade dos pais de acolher e lidar com as angústias individuais e familiares, e sabendo que essa capacidade é pequena em algumas famílias, o Estado deve proporcionar instâncias sociais para auxiliá-las.

Por outro lado, o ser humano sente necessidade, em certos momentos, de ser independente e, em outros momentos, de ser dependente, cabendo à família prover seus membros dessa relação de dependência-independência.

No mundo caótico e desorganizado da criança, são os pais que devem mostram a seus filhos os limites da natureza humana, ensinando-os a diferenciar as funções de pai, de mãe e de irmão. Essa capacidade de nossa espécie é que nos permite ingressar no mundo simbólico, facilitando o desenvolvimento cognitivo-afetivo da criança e permitindo que ela tenha autonomia dentro de certos limites.

Nossa Constituição, como um conjunto de princípios, valores e normas estruturantes do Estado, normatiza os direitos e os deveres da família, e, no artigo 226, parágrafo 8º, reza: "O Estado assegurará a assistência à família na pessoa de cada um dos que a integram, criando mecanismos para coibir a violência no âmbito de suas relações". Já o artigo 227, parágrafo 4º, diz: "A lei punirá severamente o abuso, a violência e a exploração sexual da criança e do adolescente".

Portanto, a nossa proposição de colocar o incesto como um crime contra a família já encontra seus alicerces em nossa Constituição.

Médicos, psicólogos, assistentes sociais, amigos, vizinhos, a imprensa, ou melhor, a sociedade como um todo, devem abrir os olhos para esse problema e denunciar os casos de atos incestuosos, pois consideramos que esse pacto de *omertà* (lei do silêncio) social não ajuda em nada as famílias incestuosas.

Portanto, podemos concluir:

I. Ser o incesto um tipo de abuso sexual intrafamiliar com ou sem violência explícita, caracterizado pela estimulação sexual intencional por parte de algum dos membros do grupo, que possui um vínculo parental pelo qual lhe é proibido o matrimônio.

II. A finalidade do incesto é a satisfação, por meio da atuação, dos desejos primitivos pré-edípicos, considerados no adulto como perverso-polimorfos. O autor do incesto não possui a capacidade de postergar uma pulsão, modificando o fim e o objeto desta. Ele dirige esse desejo para algum membro de sua família e o descarrega de maneira compulsiva. O indivíduo que comete um ato incestuoso não tem a capacidade de postergar esse desejo e poder confrontá-lo com a realidade que o proíbe.

O ato incestuoso pode ser considerado um sinal ambíguo de Eros, mas na realidade não passa de um "jogo de poder". É difícil a avaliação, em seus aspectos mais profundos, dos papéis em uma relação incestuosa, mesmo nos casos em que houver consentimento, pois o autor se utiliza desse ato para descarregar suas pulsões tanáticas. Por outro lado, a vítima se submete de maneira confusa e submissa, numa tentativa de satisfazer ao seu "ídolo".

III. A proibição do incesto proporciona uma nova estrutura funcional ao ser humano no nível psicológico e social:

a) no âmbito psicológico, a proibição dos desejos incestuosos é estruturante para o indivíduo, pois o "não" impõe um limite que irá funcionar como um ordenador mental (afetivo-cognitivo), o que permitirá ao indivíduo criar o superego e desenvolver o seu ego. Com o ego mais estruturado (maior autonomia), a pessoa poderá obter satisfações mais eficientes para as suas necessidades reais, como também para delimitar as suas fronteiras (noção de limites). A estruturação do superego, com a imposição da autoridade paterna que proíbe o incesto, permitirá que a criança possa simbolizar as funções familiares;

b) no âmbito social, a proibição da endogamia estimula a sociedade para casamentos exogâmicos, o que ampliará o clã (sistema de castas), construindo posteriormente as fratrias, formadas pelos clãs que possuem ideais em comum, o seu passado mitológico. A exogamia é a melhor maneira para manter relações ordenadas e cooperativas entre os membros da sociedade, possibilitando a sua ampliação e democratização.

Não devemos pensar no incesto somente como um abuso sexual; deveríamos entendê-lo também como uma violência contra a integridade física, mental e social do indivíduo e da família, pois não existe prazer ou amor no ato incestuoso, existe apenas tanatos (aniquilamento das funções familiares), ou então existe uma mente muito primitiva movida apenas pelo princípio do prazer (onipotente), sem levar em consideração o princípio de realidade (limites sociais).

IV. O tabu do incesto remonta às origens, quando as leis eram obedecidas por temor a um poder impessoal (deuses), qual seja, a um período em que não existiam líderes capazes de impor ao grupo os seus princípios para que a comunidade pudesse sobreviver.

Com o desenvolvimento da justiça humana, essa liderança, antes imposta pelos deuses ou pelos mitos, passou a ser normatizada por um grupo de pessoas.

Identificamos que a proibição do incesto pode ser imposta por:

a) mitos, nas parábolas ou contos infantis;

b) religiões, que permitem o incesto somente aos deuses ou aos seus representantes na terra, os faraós e os imperadores;

c) justiça, por meio dos seus diversos códigos. O Código Civil brasileiro impede o casamento entre consanguíneos, baseando-se na "família romana", entendendo família como um agrupamento humano formado por duas ou mais pessoas com ligações biológicas, ancestrais, legais ou afetivas.

V. Podemos diferenciar três tipos de incesto:

a) incesto propriamente dito – é o incesto perpetrado no núcleo familiar (entre consanguíneos), ou seja, por aquelas pessoas com as quais é proibido o matrimônio;

b) paraincesto – é aquele perpetrado por pessoas que poderiam exercer a função familiar, por serem consideradas afetivamente parentes (amante de um dos cônjuges com algum filho deste);

c) incesto polimorfo ou equivalente incestuoso – este tipo de assédio sexual se caracteriza pela imposição do poder do abusador sobre a fragilidade da vítima que dele depende. O assediador se aproveita do cargo ou da função que exerce para se satisfazer sexualmente do outro. Nesses casos, sempre existem fantasias incestuosas, embora não haja consciência deste ato incestuoso (chefe-secretária, médico-paciente, professor-aluno).

VI. Os transgressores do tabu do incesto deveriam passar por uma perícia técnica para a avaliação de sua saúde mental, para saber se deveriam ser considerados pela justiça semi-imputáveis ou inimputáveis.

Serão considerados inimputáveis os doentes mentais incapazes, e serão considerados semi-imputáveis os indivíduos transgressores da lei com transtorno da personalidade, como nas parafilias, personalidades imaturas, personalidades antissociais ou dissociais etc.

O laudo pericial, efetuado por equipe multiprofissional, deverá obrigatoriamente, em suas conclusões, dar um diagnóstico multiaxial do periciado, como recomenda o DSM.

Eixo I – Compreende as síndromes da clínica psiquiátrica;

Eixo II – Inclui os transtornos de personalidade e o retardo mental;

Eixo III – Permite a inclusão de perturbações orgânicas;

Eixo IV – Avalia os estressores psicossociais;

Eixo V – Indica o nível mais elevado do funcionamento adaptativo no período anterior ao diagnóstico.

Esses diagnósticos deverão estar relacionados ao autor do ato incestuoso, que, além de esclarecer ao juiz se o autor tem capacidade de entender o ato que cometeu, esses dados teriam como função também elucidar o juiz sobre a complexidade do ato incestuoso. O perito deve também fornecer ao magistrado como conclusão um esclarecimento sobre os diversos tipos de condutas terapêuticas a serem tomadas.

VII. A vítima do abuso e a família como um todo devem ser atendidas e tratadas por instituições competentes no tipo de violência, por exemplo a Parents Anonymous, o SOS Inceste, o Telefono Azzurro, o CEARAS. As instituições têm a obrigação de esclarecer à população sobre a complexidade dos casos de incesto, para que tenhamos um real conhecimento desse tipo de abuso sexual e social.

VIII. O Código Penal Brasileiro deveria criminalizar o ato incestuoso, anexando-o no capítulo de crimes contra a família. Dessa maneira, poderíamos tratar dos problemas inerentes a um ato de incesto como propõe a Parents United, ou seja, que o culpado confesse o crime e seja condenado. Ele será libertado, mas o tribunal o impedirá de ter contato familiar durante um determinado período, no qual é obrigado a se submeter a tratamento, e também será oferecido tratamento para a família. Dessa maneira, serão superados muitos problemas econômicos, sociais e familiares, que muitas vezes são a causa da omissão familiar ante o incesto.

A proibição do incesto pode ser considerada uma morte do indivíduo perante uma sociedade ambígua, dominada pelas pulsões incestuosas, e, ao mesmo tempo, um renascimento para uma sociedade ordenada pelos pensamentos simbólicos e pela exogamia.

Portanto, existe uma enorme diferença entre as fantasias incestuosas, que todos os seres humanos possuem e que nunca serão satisfeitas na realidade, e o ato incestuoso, realizado por indivíduos incapazes de reprimir seus desejos. Observamos nesses casos somente uma descarga (atuação) e uma experiência muito agressiva (ódio) por não conseguir satisfazer essas fantasias.

Eros e Tanatos são os sentimentos estruturantes ou destruidores do ser humano e da sociedade. O amor dos pais pelos filhos permite que os filhos adquiram o conhecimento, no nível simbólico, do conceito de estrutura familiar. O ódio dos pais para com os filhos, que é demonstrado de maneira paradoxal na relação incestuosa, não permite que a criança introjete o significado das funções familiares.

A aceitação do interdito do incesto, consequentemente a aceitação da Lei, só é possível na medida em que a criança é amada e respeitada como pessoa pelos pais, permitindo-lhe estruturar a visão da realidade. Só o amor e o respeito tornam possível uma autêntica relação do indivíduo com a Lei.

As vicissitudes do conflito edípico não devem ser observadas exclusivamente na vida familiar de cada indivíduo. Podem também ser identificadas nas atitudes e nos conflitos grupais, pois as pulsões incestuosas são revividas em relação a outros indivíduos, durante o período da nossa socialização. São exemplos típicos alguns conflitos institucionais, nos grupos de adolescentes, nos grupos parassociais (Máfia, Camorra, Comando Vermelho, Cartel de Medellín, Sendero Luminoso), nos quais se formam verdadeiras famílias que não aceitam a lei instituída e formulam as suas próprias leis, que frequentemente são guiadas mais pelo princípio do poder hierárquico (do latim *possum*), criando suas próprias leis e pervertendo a ordem social.

Essas nossas conclusões nos permitem almejar que, em um futuro próximo, a nossa cultura possa evoluir, avaliando mais adequadamente a necessidade de entender o ato incestuoso tanto como um problema afetivo e sexual individual quanto como um problema familiar e social grave e complexo, que precisa de maiores cuidados.

No entanto, se todos têm inconscientemente desejos incestuosos não reprimidos, eles serão atuados, e consequentemente haverá dificuldade em aceitar os limites das Leis e da cultura.

Acreditamos na necessidade de uma primeira atuação dos desejos incestuosos com a mãe como uma função estruturante. No entanto, será a repressão do incesto primário que possibilitará a construção de um mundo emocional, transformando o objeto e o fim de certas angústias. Essa transformação somente ocorrerá quando esses desejos puderem ser reprimidos e elaborados, impedindo a atuação do incesto secundário, movido pela pulsão tanática, observável pela não aceitação das funções familiares, funcionando como famílias disfuncionais.

Na nossa experiência no CEARAS, observamos que nas relações incestuosas há um consentimento (explícito ou implícito) de toda a família, pois esses relacionamentos duram anos. Portanto, consideramos ser difícil que os outros membros da família não percebam (consciente ou inconscientemente) essa relação abusiva.

Referências

Aberastury, A., & Salas, E. (1984). *La paternidad.* Buenos Aires, Argentina: Kargieman.

Aberle, D. F., Bronfenbrenner, U., Hess, E. H., Miller, D. R., Schneider, D. M., & Spuhler, J. N. (1963). The incest taboo and the mating patterns of animals. *American Anthropologist,* 65(2), 253-264.

Alexander, F. G., & Selesnick, S. T. (1968). *História da psiquiatria.* São Paulo, SP: Ibrasa.

Alvez Garcia, J. (1979). *Psicopatologia Forense* (3ª ed.). Rio de Janeiro, RJ: Forense.

Amet (1983). In S. H. Kadish. *Encyclopedia of crime and justice* (vol. 3). Nova York, Estados Unidos: The Free Press.

Azara, A., & Eula, E. (s.n.). *Novissimo Digesto Italiano* (vol. VIII). Turim, Itália: Torinese.

Azevedo, M. A., & Guerra, V. N. A. (1988). *Pele de asno não é só história: um estudo sobre a vitimização sexual de crianças e adolescentes em família.* São Paulo, SP: Roca.

Barry, R. (1985). L'incest: le dernier tabou. *Revue internationale de police criminelle, 389*, 147-160.

Beals, R. L., & Hoijer, H. (1974). *Introducción a la antropología.* Madri, Espanha: Aguilar.

Beattie, J. (1971). *Introdução à antropologia social.* São Paulo, SP: Edusp.

Beiguelman, B. (1977). *Genética médica.* São Paulo, SP: Edusp.

Berenstein, I. (1989). *Psicoanálisis de la estructura familiar.* Buenos Aires, Argentina: Paidós.

Berenstein, I., Bianchi, G. K., Gaspari, R. C., Gomel, S. K., Gutman, J., Matus, S., & Rojas, M. C. (1991). *Familia e inconsciente.* Buenos Aires, Argentina: Paidós.

Bion, W. R. (1967). *Estudos psicanalíticos revisados (second thoughts).* Rio de Janeiro, RJ: Imago.

Bion W. R. (1994). *Elementos de psicanálise.* Rio de Janeiro, RJ: Imago.

Bleichmar, H. B. (1976). *Introducción al estudio de las perverciones: la teoría de Edipo en Freud e Lacan.* Buenos Aires, Argentina: Helguero.

Bonnet, E. F. P. (1984). *Psicopatología y psiquiatría forense.* Buenos Aires, Argentina: Lopez.

Borneman, J. (2012). Incest, the child, and the despotic father. *Current Anthropology, 53*(2), 181-203.

Brasil. (1980). *Código Civil e legislação civil em vigor* (Theotoni Negrão, Org., sel. e notas). São Paulo, SP: *Revista dos Tribunais.*

Brasil. (1985). *Código Penal* (23ª ed.). São Paulo, SP: Saraiva.

Brasil. (1988). *Constituição.* Brasília, DF: Centro Gráfico.

Brasil. (1990). *Estatuto da Criança e do Adolescência*. Dispõe sobre o Estatuto da Criança e do Adolescente e dá outras providências. Brasília, DF.

Bricout, J. (1989). L'inceste. *Journal de la Médecine Légale Droit Médical, 32*(5), 375-388.

Browning, H., & Boatman, B. (1977). Incest: children at risk. *American Journal of Psychiatry, 134*(1), 69-72.

Bucher, R. E. (1982). O valor estrutural do complexo de Édipo. *Alter, 12*(1), 25-44.

Butler, S. (1978). *Conspiracy of silence: the trauma of incest*. Califórnia, Estados Unidos: Volcano.

Caffaro, J. V. (2013). *Sibling abuse trauma: assessment and intervention strategies for children, families, and adults* (2ª ed.). Londres, Reino Unido: Routledge.

Canepa, G., & Bandini, T. (1967). La personnalité des victimes des delits d'incest. *Rev. Int. Police. Crim., 22*(208), 140-145.

Carvalho, H. V., Segre, M., Meira, A. R., Almeida, M., Salaru, N. N. R., Munoz, D. R., & Cohen, C. (1987). *Compêndio de Medicina Legal*. São Paulo, SP: Saraiva.

Castelo Branco, V. P. (1973). *O advogado diante dos crimes sexuais*. São Paulo, SP: Sugestões Literárias.

Ceccarelli, F. (1978). *Il tabu dell'incesto: i fondamenti biologici del linguaggio e della cultura*. Turim, Itália: Giulio Einaudi.

Ceccarelli, P. R. (2009). Don Quixote e a transgressão do saber. *Revista Mal-estar na Subjetividade, IX*(3), 917-937.

Centro de Estudos e Atendimento Relativos ao Abuso Sexual – CEARAS. Disponível em: http://www.usp.br/cearas/.

Chassegut-Smirgel, J. (1984). *Ética y estética de la perversión*. Barcelona, Espanha: Laia.

Chiland, C. (1988). L'interdit de l'inceste comme fondateur du groupe social et organisateur de la psyché. *L'inceste*, n. 24, 107-114, Paris, UFR Médecine Bobigny.

Chiodi, V., Gilli, R., Puccini, C., Portigliatti-Bardos, M., Fallani, M., & De Bernardi, A. (1976). *Manuale di medicina legale*. Milão, Itália: Vallardi.

Cohen, C. (1985). O esquizofrênico frente às implicações legais. *Revista Brasileira de Psiquiatria*, *7*(26), 114-118.

Cohen, C. (1988). O ser biopsicossocial. In J. R. Albuquerque Fortes, E. C. Miguel Filho, Z. B. A. Ramadam, & P. V. de Arruda. *Psiquiatria e medicina interna*. São Paulo, SP: Astúrias.

Cohen, C. (1992). *O incesto e a psicopatologia forense: um estudo de medicina social*. (Tese de Doutorado). São Paulo, Instituto de Psicologia, Universidade de São Paulo.

Cohen, C. (1999). *Bioética e sexualidade nas relações profissionais*. São Paulo: Associação Paulista de Medicina.

Cohen, C., & Canger Rodriguez, A. (1990). La psiquiatria forense in Brasile. In F. Ferracuti. *Psiquiatria forense generale e penale* (vol. XIII). Milão, Itália: Giuffre.

Cohen, C., & Gobbetti, G. J. (1998). O incesto: o abuso sexual intrafamiliar. *Revista Brasileira de Ciências Criminais*, *6*(24), 235-243.

Cohen, C., & Gobbetti, G. J. (2003). Ética profissional: herdeira das relações familiares. In G. C. Groeninga, R. C. Pereira (Orgs.). *Direito de família e psicanálise*. Rio de janeiro, RJ: Imago.

Cohen, C., & Gobbetti, G. J. (2004). Bioética da vida cotidiana. *Revista Brasileira para Progresso da Ciência*, *56*(4), 47-49.

Cohen, C., & Gobbetti, G. J. (2006). CEARAS: uma reflexão sobre as funções da família. In C. Cohen, F. Ferraz, & M. Segre (Org.). *Saúde mental, crime e justiça* (2ª ed.). São Paulo, SP: Edusp.

Cohen, C., & Matsuda, N. E. (1990a). Sexologia forense: estudo do perfil da vítima. In *Anais* do XI Congresso Brasileiro de Medicina Legal; II Congresso Brasileiro de Ética Médica (p. 74). Florianópolis, SC.

Cohen, C., & Matsuda, N. E. (1990b). Sexologia forense: estudo do perfil do agressor. In *Anais* do XI Congresso Brasileiro de Medicina Legal; II Congresso Brasileiro de Ética Médica (p. 73). Florianópolis, SC.

Cohen, C., & Matsuda, N. E. (1991). Crimes sexuais e sexologia forense: um estudo analítico. *Revista Paulista de Medicina, 109*(4), 157-164.

Cohen, C., & Segre, M. (1988). Uno degli attributi del medico legale: il bilinguismo. *Minerva Medicolegale, 108*(4), 185-190.

Culver, C. M., & Gert, B. (1982). *Philosophy in medicine: conceptual and ethical issues in medicine and psychiatry.* Nova York, Estados Unidos: Oxford University Press.

Cunha, A. G. (1982). *Dicionário etimológico Nova Fronteira da língua portuguesa.* Rio de Janeiro, RJ: Nova Fronteira.

Daligand, L. (1988). L'inceste. *Journal de la Médecine Légale Droit Médical, 31*(1), 3-6.

Deag, J. (1981). *O comportamento social dos animais.* São Paulo, SP: EPD/Edusp.

Diez Ripolles, J. (1981). *El Derecho Penal ante el Sexo.* Barcelona, Espanha: Casa Bosch.

Dobzhansky, T. (1978). L'evoluzione della specie umana. In F. Ceccarelli. *Il tabu dell'incesto: i fondamenti biologici del linguaggio e della cultura.* Turim, Itália: Giulio Einaudi.

Dolce, R. (1970). *Enciclopedia del Diritto.* Varese, Itália.

DSM-III-R. (1987). *Manual diagnóstico y estadístico de los trastornos mentales.* Barcelona, Espanha: Masson.

Duché, D. J. (1981). L'inceste. *Journal de la Médecine Legále Droit Médical, 32*(5), 375-455.

Dupuis, J. (1989). *Em nome do pai: uma história da paternidade.* São Paulo, SP: Martins Fontes.

Durkheim, E. (1898). La prohibition de l'inceste. *L'année sociologique, (1)*, Paris, França.

Ellis, A. A., & Brancale, R. (1956). *The psychology of sex offenders.* Springfield, Estados Unidos: C.C. Thomas.

Enciclopédia Luso-Brasileira. (1993). Lisboa, Portugal: Zairol.

Engel, B. (1990). *The right to innocence: healing the trauma of childhood sexual abuse.* Nova York, Estados Unidos: First Ballantine.

European Committee on Crime Problems. (1981). *Criminological aspects of illness: treatment of children in the family.* Estrasburgo, França: Council of Europe.

Fávero, F. (1975). *Medicina Legal.* Belo Horizonte, MG: Itatiaia.

Fenichel, O. (1973). *Teoría psicoanalitica de las neurosis.* Buenos Aires, Argentina: Paidós.

Fernandez de Castro, C. (1990). *La otra historia de la sexualidad.* Barcelona, Espanha: Martínez Roca.

Ferracuti, F. (1967). L'incesto padre-figlia: studio clínico-criminilogico. *Sessuologia,* (2-3), pp. 63-88 e pp. 121-163.

Ferracuti, F. (1988). *Criminologia e psichiatria forense delle condotte sessuali normali, abnormi e criminali* (v. 8). Milão, Itália: Giufre.

Ferracuti, M. G. (1988). L'incesto: aspetti psicologici e criminologici. In F. Ferracuti. *Criminologia e psichiatria forense delle condotte sessuali normali, abnormi e criminali* (v. 8). Milão, Itália: Giufre.

Ferreira, A. B. H. (1975). *Novo dicionário Aurélio da língua portuguesa.* Rio de Janeiro, RJ: Nova Fronteira.

Ferreira, A. T. (2005). A origem da vida do ser humano e o aborto. *Folha de S.Paulo*, Opinião.

Finkelhor, D. (1980). Psychological, cultural and family factors in incest and family sexual abuse. In J. V. Cook, & R. T. Bowles. *Child abuse, Commission and Omission.* Toronto, Canadá: Butterworth.

Finkelhor, D. (1994). A sourcebook on child sexual abuse. *Child abuse & neglect* - Elsevier.

Fortin, P. (1988). Le Rapport à la loi et l'interdit de l'inceste. *Cahiers d'éthos, 2*, 2-15, Québec, Bibliothèque Nationale du Canada.

Forward, S., & Buck, C. (1989). *A traição da inocência: o incesto e sua devastação.* Rio de Janeiro, RJ: Rocco.

Fox, R. (1973). *La parentela e il matrimonio.* Roma, Itália: Officina.

França R. L. (1980). *Enciclopédia Saraiva do Direito* (v. 43). São Paulo, SP: Saraiva.

Franco Filho, O. M. (1981). A instituição psicanalítica ou a reinvenção do Édipo. *Alter, 11*(3), 143-148.

Freedman, A. M., Kaplan, H. I., & Sadock, B. J. (Orgs.). (1975). *Comprehensive textbook of psychiatry* (2ª ed). Baltimore: Williams & Wilkins.

Freedman, A. M., Kaplan, H. I., & Sadock, B. J. (1982). *Tratado de psiquiatria.* Barcelona, Espanha: Salvat.

Freud, S. (1969). A dissolução do Complexo de Édipo. In S. Freud. *Obras completas* (vol. XIX). Rio de Janeiro, RJ: Imago. (Originalmente publicado em 1924.)

Freud, S. (1980a). Conferencias de introducción al psicoanálisis, 21ª conferencia, Desarrollo libidinal y organizaciones sexuales. In S. Freud. *Obras completas* (vol. XVI, pp. 292-308). Buenos Aires, Argentina: Amorrortu.

Freud, S. (1980b). El yo y el ello. In S. Freud. *Obras completas* (vol. XIX, pp. 1-66). Buenos Aires, Argentina: Amorrortu.

Freud, S. (1980c). Fragmentos de la correspondencia con Fliess. In S. Freud. *Obras completas* (vol. I, pp. 211-322). Buenos Aires, Argentina: Amorrortu.

Freud, S. (1980d). Inhibición, síntoma y angustia. In S. Freud. *Obras completas* (vol. XX, pp. 71-161). Buenos Aires, Argentina: Amorrortu.

Freud, S. (1980e). La interpretación de los sueños (primera parte). In S. Freud. *Obras completas* (vol. IV, pp. 142-316). Buenos Aires, Argentina: Amorrortu.

Freud, S. (1980f). Moisés y la religión monoteísta. In S. Freud. *Obras completas* (vol. XXIII, pp. 1-210). Buenos Aires, Argentina: Amorrortu.

Freud, S. (1980g). Pegan a un niño. Contribución al conocimiento de la génesis de las perversiones sexuales. In S.Freud. *Obras completas* (vol. XVII, pp. 173-200). Buenos Aires, Argentina: Amorrortu.

Freud, S. (1980h). Pulsiones y destinos de pulsión. In S. Freud. *Obras completas* (vol. XIV, pp. 105-152). Buenos Aires, Argentina: Amorrortu.

Freud, S. (1980i). Tótem y Tabú. In S. Freud. *Obras completas* (vol. XIII, pp. 1-162). Buenos Aires, Argentina: Amorrortu.

Freud, S. (1980j). Tres ensayos de teoría sexual. In S. Freud. *Obras completas* (vol. VII, pp. 109-222). Buenos Aires, Argentina: Amorrortu.

Freud, S. (1996). Cinco lições de psicanálise. In S. Freud. *Obras completas* (vol. XI). Rio de Janeiro, RJ: Imago. (Originalmente publicado em 1910.)

Friedlander, K. (1981). *Psicoanálisis de la delincuencia juvenil.* Buenos Aires, Argentina: Paidós.

Furniss, T. (1991). *The multiprofessional handbook of sexual abuse.* Nova York, Estados Unidos: Routledge.

Giannini, M. C. (1967). L'incesto. Note di legislazione comparata. *Sessuologia, 1*, 29-48.

Goethe, J. W. von. (1997). Segunda parte: teoria general de la naturaleza. In J. W. von Goethe. *Teoría de la naturaleza.* Madri: Tecnos.

Gonin, D., & Daligand, L. (1988). L'inceste: profanation de la génération et refus de la vie. *Journal de la Médecine Légale Droit Médical, 31*(1), 7-13.

Goodwin, D. W., & Guze, S. B. (1989). *Psychiatric diagnosis.* Nova York, Estados Unidos: Oxford University Press.

Goodwin, J. M. (1982). *Sexual abuse: incest victims and their families.* Chicago, Estados Unidos: Year Book Medical Publishers.

Graves, R. (1967). *Los mitos griegos* (vol. 2). Buenos Aires, Argentina: Losada.

Green, A. (1982). *Edipo en la tragedia.* Barcelona, Espanha: EBA.

Hinsie, L. E., & Campbell, R. J. (1975). *Phychiatric Dictionary*. Nova York, Estados Unidos: Oxford University Press.

Horner, T. (1989). *O sexo na Bíblia*. São Paulo, SP: Gemini.

Hornstein, B. L. (1973). *Teorías de las ideologías y psicoanálisis: modo de producción y complejo de Edipo*. Buenos Aires, Argentina: Kargieman.

Hughes, S. (1964). The crime of incest. *Journal of Criminal Law, Criminology and Police Science, 55*, 322-339.

Jones, E. (1969). *Que es el psicoanálisis*. Buenos Aires, Argentina: Paidós.

Jones, E., Hartmann, H., Kris, E., Wittels, F., Roheim, G., & Schilder, P. (1958). *Sociedad, cultura y psicoanálisis de hoy*. Buenos Aires, Argentina: Paidós.

Justice, B., & Justice, R. (1980). *The Broken Taboo: Sex in the Family*. Londres, Inglaterra: Peter Owen.

Justice, B., & Justice, R. (1990). *The Abusing family*. Nova York, Estados Unidos: Plenum.

Kadish, S. H. (1983). *Encyclopedia of Crime and Justice* (v. 3). Nova York, Estados Unidos: The Free Press.

Karpman, B. (1974). *El Crimen Sexual y sus Motivaciones*. Buenos Aires, Argentina: Horme.

Klein, M. (1970). O complexo de Édipo à luz das primeiras ansiedades. In M. Klein. *Contribuições à psicanálise*. São Paulo, SP: Mestre Jou.

Klein, M. (1975). Sobre la Criminalidad. In M. Klein. *Obras Completas* (v. 2). Buenos Aires, Argentina: Paidós.

Kojève, A. (1980). *Introdução à leitura de Hegel*. Rio de Janeiro, RJ: Contraponto.

Kolodny, R. C., Masters, W., & Johnson, V. (1982). *Manual de medicina sexual.* São Paulo, SP: Manole.

Kris, E. (1968). *Psicanálise da arte.* São Paulo, SP: Brasiliense.

La Porta, E. M. (1979). *Estudo Psicanalítico dos Rituais Afro-Brasileiros.* Rio de Janeiro, RJ: Atheneu.

Laplanche, J. & Pontalis, J. B. (1968). *Diccionario de psicoanálisis.* Barcelona, Espanha: Labor.

Lebovici, S. (1988). L'Oedipe et l'inceste. *L'inceste,* (24), 1-5, Paris, UFR Médecine Bobigny.

Lévi-Strauss, C. (1969). *Le strutture elementari della parentela.* Milão, Itália: Feltrinelli.

Liberman, D. (1982). *Psicopatologia.* Rio de Janeiro, RJ: Campus.

Lieberman, D. (2011). *The Evolution of the Human Head.* Cambridge: Harvard University Press.

Longrigg, J. (2013). *Greek medicine: from the heroic to the Hellenistic age – a source book.* Nova York, Estados Unidos: Routledge.

Lubbock, J. (1978). The origin of civilization and the primitive condition of man; mental and social condition of savages. In F. Ceccarelli. *Il tabu dell'incesto: i fondamenti biologici del linguaggio e della cultura.* Turim, Itália: Giulio Einaudi.

Lumsden, C. J., & Wilson, E. O. (1981). *Genes, mind, and culture: the coevolutionary process.* Cambrigde, Estados Unidos: Harvard University Press.

Maddock, J., & Noel, L. (1995). *Incestuous families: an ecological approach to understanding and treatment.* Nova York, Estados Unidos: Norton Critical.

Malinowski, B. (1958). *Estudios de psicologia primitiva.* Buenos Aires, Argentina: Paidós.

Malinowski, B. (1968). *La vita sessuale dei selvaggi nella Melanesia nord-occidentale.* Milão, Itália: Feltrinelli.

Maranhão, O. R. (1981). *Personalidade anti-social.* (Tese de professor titular). São Paulo, Faculdade de Direito, Universidade de São Paulo.

Masters, R. E. L. (1963). *Patterns of Incest.* Nova York, Estados Unidos: Julian Press.

Mather, K. (1978). Le differenze fra gli uomini. In F. Ceccarelli. *Il tabu dell'incesto: i fondamenti biologici del linguaggio e della cultura.* Turim, Itália: Giulio Einaudi.

McEvedy, C. (1979). *Atlas da história antiga.* São Paulo, SP: Verbo/Edusp.

McHugh, P. R., & Slavney, P. (1989). *As perspectivas da psiquiatria.* Porto Alegre, RS: Artes Médicas.

McLennan, J. F. (1978). Primitive marriage. In F. Ceccarelli. *Il tabu dell'incesto: i fondamenti biologici del linguaggio e della cultura.* Turim, Itália: Giulio Einaudi.

Mead, M. (1975). "Incesto". In *Enciclopedia internacional de las ciencias sociales* (v. 5, pp. 694-699). Madri, Espanha: Aguilar.

Meltzer, D. (1974). *Los estados sexuales de la mente.* Buenos Aires, Argentina: Kargieman.

Merriam-Webster. (1993). *Merriam-Webster's collegiate dictionary.* Springfield, Estados Unidos: Merriam-Webster.

Merzagora, I. (1986). I reati sessuali all'interno della familia. *Devianza ed Emarginazione, 5*(11), 15-31.

Miller, G. A. (1956). O número mágico sete, mais ou menos dois: alguns limites na nossa capacidade de processar informação. *Psychological Review, 63*, 81-97.

Miller, G. A., & Nicely, P. E. (1955). An analysis of perceptual confusions among some English consonants. *Journal of the Acoustical Society of America*, *27*, 338-352.

Minuchin, S. (1979). *Familias y Terapia Familiar.* Barcelona, Espanha: Gedisa.

Mircea, E. (2001). *O sagrado e o profano*. São Paulo, SP: Martins Fontes, 2001.

Misn & Sahn. (1990). La castidad y abstinencia sexual en las grandes civilizaciones. In C. Fernandez de Castro. *La otra historia de la sexualidad.* Barcelona, Espanha: Martínez Roca.

Mora, J. F. (1965). *Diccionario de filosofia.* Buenos Aires, Argentina: Sudamericana.

Morgan, L. H. (1970). *La societá antica.* Milão, Itália: Feltrinelli.

Morris, D. (1975). *El mono desnudo: un estudio del animal humano.* Barcelona, Espanha: Virgen de Guadalupe.

Moscovici, S. (1975). *Sociedade contra natureza.* Petrópolis, RJ: Vozes.

Murdock, G. P. (1970). *Il concetto di cultura.* Milão, Itália: Etas Kompass.

Murdock, G. P. (1971). *La struttura sociale.* Milão, Itália: Etas Kompass.

Nadelson, C. C. (1982). Incest and rape: repercussion in sexual behavior. *Psychiatry 1982 Annual Review,* Washington, American Psychiatric.

Nagera, H. (1978). *Desarrollo de la teoría de la libido en la obra de Freud.* Buenos Aires, Argentina: Paidós.

Namba, J. (2018). A proibição do incesto em Lévi-Strauss e Freud: algumas aproximações. *Revista de Antropologia, 61*(1), 176--190.

Nathan, T. (1988). La transgression du tabou narcissique. *L'inceste*, (24), 57-81, Paris, UFR Médecine Bobigny.

Nelson, B. J. (1984). *Making an issue of child abuse: political agenda setting for social problems*. Chicago, Estados Unidos: University of Chicago Press.

Olivieri, D. (1953). *Dizionario etimologico italiano*. Milão, Itália: Ceschina.

OMS – Organização Mundial da Saúde. (1980). Classificação internacional de doenças (CID 9). São Paulo, SP: [s.n.] (pp. 179--215).

Ossorio Y Florit M. ([s.d.]). *Enciclopedia juridica Omeba* (vol. XV). Buenos Aires, Argentina: Omeba.

Paglia, C. (1990). *Sexual personae: art and decadence from Nefertiti to Emily Dickinson*. New Haven, Estados Unidos: Yale University Press.

Parent, P. P. (1988). Les rapports de la loi et de l'éthique: inceste, Oedipe et Loi. *Cahier d'Éthos, 2*, 16-30. Québec, Bibliothèque Nationale du Canada.

Pareti, L. *et al.* (1965). *Historia de la humanidad*. Buenos Aires, Argentina: Sudamericana.

Paschini, P. (1958). *Enciclopedia Cattolica*. Itália: Sansoni.

Pellegrino, H. (1983). Pacto edípico e pacto social (da gramática do desejo à sem-vergonhice brasílica). *Folhetim*, 11 set. 1983.

Pellisé Prats, B. (1965). *Nueva enciclopedia jurídica*. Barcelona, Espanha: Francisco Seix.

Perotti, R. (1985). *L'incesto multiforme: per una teoria sulla genesi del disturbo psichico.* Milão, Itália: Giuffre.

Porot, A. (1977). *Diccionario de psiquiatria.* Barcelona, Espanha: Labor.

Propp, V. (1980). *Édipo à luz do folclore.* Lisboa, Portugal: Vega.

Raglan, L. (1940). *Jocasta's crime.* Londres, Inglaterra: Watts.

Rascovsky, A. (1971). El filicidio en el origen de la concepción monoteísta. *Revista de Psicoanálisis, 28*(4), 783-814.

Renshaw, D. C. (1984). *Incesto: compreensão e tratamento.* São Paulo, SP: Roca.

Ricon, L., & Di Segni, S. (1991). *Problemas del campo de la salud mental.* Buenos Aires, Argentina: Paidós.

Safouan, M. (1986). *Estudios sobre el Édipo: introducción a una teoria del sujeto.* México: Siglo XXI.

Salano, F. M. (1983). *A genética e a lei: aplicações à medicina legal e à biologia social.* São Paulo, SP: Edusp.

Salem, G. (1980). Revue des Theories sur les fondements de tabou de l'inceste. *Annales Médico-psychologiques, 138*(4), 431-442.

Santo Agostinho. (1963). *La cittá di Dio.* Roma, Itália: Paoline.

Sauri, J. (1983). *Las perversiones.* Buenos Aires, Argentina: Carlos Lohlé.

Scherrer, P. (1988). L'inceste dans la famille. *L'inceste,* (24), 90-106, Paris, UFR Médecine Bobigny.

Schetky, D. H., & Green, A. H. (1988). *Child sexual abuse: a handbook for health care and legal professionals.* Nova York, Estados Unidos: Brunner/Mazel.

Schmidt, J. (1961). *Dictionnaire de la mythologie grecque et romaine*. Paris: Larousse.

Spitz, R. A. (1988). *O primeiro ano de vida*. São Paulo, SP: Martins Fontes.

Starcke, C. N. (1901). *The primitive family in its origins and development*. Nova York, Estados Unidos: Appleton.

Straus, P. (1988). Quelques donées épidémiologiques sur l'inceste. *L'inceste*, (24), 82-89, Paris, UFR Médecine Bobigny.

Summit, R., & Kryso, J. (1977). Sexual abuse of children: a clinical spectrum. *American Journal of Orthopsychiatry, 48*(2), 237, Commentaires.

Thériault, J. Y. (1977). Quelques textes sur l'inceste: analyse et commentaires. *Cahiers d'Éthos, 2*, 33-47, Québec, Bibliothèque Nationale du Canada.

Tylor, E. B. (1889). On a method of investigating the development of institution. *Journal of the Royal Anthropological Institute, 18*, 467-475.

Uchoa, D. M. (1943). *Sobre a psicopatologia do incesto*. (Tese de Doutorado). Rio de Janeiro, Faculdade Nacional de Medicina, Universidade do Brasil.

Unesco. (1975). *Los derechos del hombre*. Barcelona, Espanha: Laia.

Vazquez, H. (1986). *Del incesto en Psicoanálisis y en Antropología*. México: Fondo de Cultura Económica.

Vidal, J. M. (1988). Interrogations sur la pertinence des modèles recents d'explication biologique de l'interdit de l'inceste. *L'inceste*, (24), 6-33, Paris, UFR Médecine Bobigny.

Rao, V. H. P. V. (1985). *The Vedic Life of Vidvān H. P. Venkata Rao, General Editor of the Chamarajendra Vedaratnamala*.

Disponível em: https://www.dharmadispatch.in/culture/the-vedic-life-of-vidv%C4%81n-hp-venkata-rao-general-editor-of-the-chamarajendra-vedaratnamala. Acesso em: 9 ago. 2021.

Wallace, E. (1958). *Enciclopedia cattolica*. Nova York, Estados Unidos: Robert Appleton Company.

Westermarck, E. (1978). The history of human marriage. In F. Ceccarelli. *Il tabu dell'incesto: i fondamenti biologici del linguaggio e della cultura*. Turim, Itália: Giulio Einaudi.

White, L. A. (1969). *La scienza della cultura*. Florença, Itália: Sansoni.

Wittels, F. (1931). *Freud and his time*. Nova York, Estados Unidos: Horace Liveright.

Wunt, W. (1916). *Elements of Folk Psychology*. Londres: Sagwan Press.

Yampey, N. (1981). *Psicoanálisis de la cultura*. Buenos Aires, Argentina: Paidós.

Young, M. (1985). *Incest: an annotated bibliography*. Londres, Inglaterra: McFarland.

Zilboorg, G. (1941). *Historia de la psicología médica*. Buenos Aires, Argentina: Hachette.

GRÁFICA PAYM
Tel. [11] 4392-3344
paym@graficapaym.com.br